NCS에 맞춘

All about ESPRESSO

증보판

이승훈 지음

지금 이 시간에도 전국 각지의 커피하우스에서 커피기계와 '열애'에 빠져 있을 현직 바리스타들과 오늘도 바리'스타'를 꿈꾸며 커피기계를 '짝사랑'하고 있는 수많은 예비 바리스타들에게 이 책을 바칩니다.

책을 내면서

최근 커피시장이 눈에 띄게 확대되면서 더욱 많은 사람들이 원두커피를 즐기기 시작했습니다. 커피의 분야 또한 더욱 다양하게 발전되고 있습니다.

우리가 에스프레소 커피에 주목하는 이유는 그것이 커피 추출수단 중에서 가장 과학적이고 합리적이며 경제적이라고 평가되기 때문입니다. 커피머신을 근간으로 한 에스프레소 커피는 본 고장인 이탈리아와 유럽뿐만 아니라 전 세계 어느 도시에서도 종종 만날 수 있는 트렌드로 자리 잡았습니다.

오늘날 에스프레소 커피는 단순한 음료의 차원을 넘어 지구촌 전체를 연결하는 현대적 문화코드의 하나로 인식되고 있습니다. 스타벅스 이후 수많은 에스프레소 커피전문점들이 들어서면서 우리나라에서도 에스프레소 커피는 자연스럽게 '커피의 꽃'으로 받아들여지고 있습니다.

에스프레소 커피를 처음 알게 된 것은 1992년 커피기계 기술자로 입문하면서부터였습니다. 그러다가 에스프레소 커피의 진정한 의미를 알게 되었고, 차츰 '설치하고 고치는 일'보다는 '배우고 가르치는 일'의 가치를 깨닫게 되었습니다. 그동안 이름만 들어도 알 만한 많은 바리스타들에게 직·간접으로 에스프레소 테크닉을 전수했습니다. 에스프레소의 참맛을 알리고 누구나 에스프레소 커피를 맛있게 만들고 즐길 수 있도록 해보자는 일념 하나로 숱한 시간들을 에스프레소 머신과 함께 보냈습니다.

커피기계 기술자가 커피를 가르치고 지도한다는 것은 결코 쉬운 일이 아닙니다. 많은 용기가 필요하고, 뼈를 깎는 연습과 훈련이 요구되는 일입니다. 더구나 엔지니어 출신이 덜컥 에스프레소 가이드북을 낸다고 나섰으니, 기대 반 걱정 반으로 바라보는 것도 무리는 아닙니다.

기계를 나누면서 에스프레소 기피와 함께 지내는 사이에 더 맛있는 커피, 더 완벽한 에스프레소에 대한 애정과 갈증은 더욱 깊어진 것 같습니다. 나름대로 새로운 마음가짐과 각오로 커피공부를 시작하게 된 것도 사실은 이런 '이끌림' 때문이었을 것입니다. 공부를 하는 과정에서 에스프레소 기계의 원리를 알고 있었던 것이 큰 도움이 되었습니다.

이 책에는 이런 경험과 바람이 담겨 있습니다. 바리스타가 아닌 기술자의 관점에서, 어떤 면에서는 커피기계의 시각에서 바리스타들에게 꼭 들려주고 싶은 이야기들을 이 한 권의 책 속에 모두 모았다고 할 수 있습니다. 여러모로 미흡하지만, 지금 이 시간에도 전국 각지의 커피하우스에서 커피기계와 '열애'에 빠져 있을 현직 바리스타들과 오늘도 바리'스타'를 꿈꾸며 커피기계를 '짝사랑'하고 있는 수많은 예비 바리스타들에게 이 책을 바칩니다.

책이 나오기까지 많은 도움을 주신 월간 Coffee&Tea의 지영구 국장님과 스텝들, 그리고 오늘이 있기까지 큰 힘이 되어주신 최병학 님께 진심으로 감사드립니다. 저의 오랜 동료이자 파트너인 (주)메테오라 김황 사장님, 국내 커피산업의 일선을 지키고 있는 한국커피연합회 이세욱 전 회장님과 여러 회원사 대표님들께도 존경과 고마움을 표합니다.

어려운 시기를 함께 하며 고생을 감내해 준 우리 리에스프레소 트레이닝 센터와 UCEI 식구들, 그리고 파트너 여러분, 고맙고 사랑합니다. 그리고 무엇보다 존재만으로도 큰 힘이 되는 가족들, 30년을 한결같이 믿고 도와준 아내에게 사랑의 하트를 보냅니다.

한 잔의 따뜻한 커피가 시린 가슴을 녹입니다. 한 잔의 완벽한 에스프레소가 즐거움과 행복을 줍니다. 그것은 신이 내린 최상의 선물입니다. 즐겁게 일하는 바리스타가 있고, 맛있는 에스프레소가 있고, 행복한 표정의 사람들이 있는 곳- 그곳이 곧 천국입니다.

2021년 9월 이 승 훈

All about ESPRESSO

올어바웃 에스프레소

증보판

Contents

이 책을 내면서 • 8

Prologue.   왜 에스프레소인가? • 14

Chapter 1.   **블렌딩** *Blending*
1. 커피의 역사 • 22
2. 커피의 종류와 분류 • 24
3. 재배와 수확 • 27
4. 커피의 정제 • 31
5. 선별과 블렌딩 • 34
6. 커피 로스팅 • 39
7. 포장과 보존 • 49

Chapter 2.   **그라인딩** *Grinding*
1. 그라인딩의 단계 • 56
2. 그라인더의 입자조절 요령 • 58
3. 그라인더의 이해 • 62

Chapter 3. 커피머신 Coffee Machine

1. 커피머신과 바리스타 • 78
2. 다양한 추출방식들 • 80
3. 커피머신의 구분 • 84
4. 커피머신의 탄생과 발전 • 88
5. 커피머신의 설치 • 96
6. 커피머신의 구조와 역할 • 104
7. 각 부분의 명칭과 역할 • 108
8. 커피머신의 내부 구조와 관리 • 124

Chapter 4. 바리스타 Barista

1. 에스프레소의 기본 • 152
2. 크레마 • 154
3. 탬핑과 태핑 • 159
4. 포터필터 장착법 • 164
5. 핫메뉴 만들기 • 167
   - Tip(1) 우유거품 제대로 만들기 • 192
   - Tip(2) 휘핑크림 제대로 만들기 • 200
6. 아이스 메뉴 만들기 • 204
   - Tip(3) 우유거품 제대로 따르기 • 230
7. 라떼아트 테크닉 • 234

SUPPLEMENT 부록 ; 서비스 메뉴얼 Service

- 기본자세 • 246
- 인사예절 • 249
- 전화응대 • 252
- 관리 및 접객 • 253
- 역할과 태도 • 258
- 서비스의 실제 • 264

| 프롤로그 |

왜 에스프레소인가?

우리는 에스프레소란 말이 낯설지 않은 시대에 살고 있다. 이태리식 커피의 전형인 에스프레소가 점차 또 하나의 자연스러운 커피문화 코드로 받아들여지고 있는 것이다. 바야흐로 우리 대한민국은 커피에 관한한 세계 그 어느 나라보다도 열정적이고 열광적인 '에스프레소의 나라'로 변신해가고 있다.

그러나 그 실체와 테크닉에 대한 정확하고 객관적인 데이터는 여전히 부족한 실정이다. 몇몇 대중매체들이 에스프레소 관련기사를 다루었고, 여러 권의 안내서가 발행되기도 했지만 에스프레소에 대해 구체적으로 접근했다고 보기는 어렵다.

하나의 문화코드가 정착되고 발전되기 위해서는 반드시 경험적 텍스트를 근간으로 해야 한다. 특히 새로운 양식, 이해보다는 따라하기가 선행될 수밖에 없는 '트렌드'의 경우 이런 점은 더욱 강조되어야 한다. 객관적이고 구체적인 이론을 기반으로 할 때, 하나의 트렌드는 비로소 한순간의 유행에 그치지 않는 문화적 컨텐츠로 자리잡는다. 그것은 배우는 사람들은 물론 가르치는 입장에서도 꼭 필요한 핵심이기도 하다.

특히 커피전문점 운영자나 종사자들에게 있어서 그 갈증은 더욱 심하다. 이런 요구에 부응하고, 에스프레소 전반에 대한 이론적 기반과 기준을 제시하기 위해서는 '에스프레소의 모든 것'을 엔지니어적 관점에서 객관적으로 조명할 필요가 있다.

에스프레소란?

커피산업의 발달과 함께 추출법도 다양하게 발전해 왔다. 대표적인 추출법은 드립^{drip}과 싸이폰^{cyphon}, 에스프레소^{espresso} 등이다.

그 중에서도 에스프레소 방식은 드립이나 싸이폰에 비해 더욱 빠르게 커피를 뽑아낼 수 있는 최신 추출법으로, 모카포트라는 1인용 추출기구나 에스프레소 커피 전용머신을 이용한다. 산업화와 패스트푸드 바람을 타고 에스프레소 머신은 기동성과 맛이라는 2가지 요소를 충족시키면서 급속도로 보급되었고, 세계적으로 강력한 커피 트렌드를 형성하면서 눈부신 발전을 거듭하고 있다. 커피에 있어서 그것은 '혁명'이라고 해도 과언이 아니다.

국내에도 에스프레소 커피 전문점들이 속속 생겨나고 있다. 최근에는 가정으로도 꾸준히 확산되고 있는 추세다. 에스프레소의 매력이 뭐기에 이처럼 사람들이 열광하고 계속적인 확산이 일어나는 것일까?

우선은 빠른 시간에 추출해서 짧은 시간에 마실 수 있다는 점을 들 수 있다. 바쁘게 사는 현대인들에게 있어서 그것은 신속 정확하게 커피를 즐길 수 있는 거의 유일한 방편으로 인식되고 있다. 여기에 커피의 향미도 뛰어나다.

적은 양이지만 진하고 고소하면서도 마신 후의 여운이 좋기 때문에 사람들의 마음을 단번에 사로잡는다.

에스프레소는 19세기 초반 이탈리아에서 시작됐다. 밀폐된 공간에서 물을 가열했을 때 생기는 수증기의 압력을 추출에 이용하려는 움직임이 그것이다. 이 시도는 1819년 영국에서 최초의 기구를 선보이면서 빛을 보게 되었다.

이후 증기압을 이용한 이 신종 추출법은 눈부신 발전을 거듭했다. 오늘날과 같은 에스프레소 커피기계의 완성을 이룬 나라는 이탈리아다. 이탈리아의 기술자들은 에스프레소 기계를 과학적으로 뒷받침하는데 결정적인 역할을 했고, 그 효용성이 빠르게 전파되면서 유럽 내의 거의 모든 라틴국가들에도 잘 알려진 상품으로 떠올랐다.

오늘날 에스프레소는 최고의 인기를 누리고 있다. 이탈리아와 유럽 커피 문화의 대명사가 되었으며, 세계 커피 트렌드를 리드하는 가장 과학적이고 보편타당한 추출방식으로 자리 잡았다. 에스프레소가 가지고 있는 특성 또한 세계의 스포트라이트를 한 몸에 받고 있다. 이러한 에스프레소의 성공은 바로 커피를 준비하는 과정의 즐거움과 전문성, 사람의 마음을 단숨에 사로잡는 신기함과 미묘한 흥미 때문일 것이다.

에스프레소는 이탈리아어로, "빠르다"라는 뜻을 가지고 있다. 물을 투과시켜 우려내는 방식이 아니라 강한 압력에 의해 순간적으로 추출하는 방식이라는 점에서 드립과 구별된다.

순간적으로 추출해야 하기 때문에 커피입자 또한 다른 추출방식보다 많이 가늘어야 한다. 그것은 오늘날 커피의 맛과 향을 유지하면서 즉석에서 대량으로 커피를 추출할 수 있는 거의 유일한 방식으로 인정받고 있다. 이런 놀라운 혁신은 에스프레소 기계의 발전으로 가능해졌다.

단순히 진하다고 해서 에스프레소라고 불리는 것은 아니다. 에스프레소는 에스프레소 기계espresso machine를 통해 추출된 커피를 말한다. 추출기구의 종류나 블렌딩blending(배합), 로스팅roasting(배전) 등에 의해서 결정되는 것도 아니다. 추출 매커니즘에 따라, 즉 6~7g의 커피를, 20~30초의 시간에, 85~95℃의 뜨거운 물과 7~9bar의 압력으로 추출한 커피를 우리는 에스프레소라 부른다.

에스프레소는 20~30㎖ 정도의 진한 커피이다. 카페인 함량이 매우 낮으며, 진한 향미와 촉감으로 마시고 나면 초콜릿을 연상시키는 향이 입안에 지속적으로 남는다. 결국 에스프레소는 가장 맛있으면서도 몸에 좋은 성분을 지닌 커피 엑기스라 할 수 있다.

하지만 이렇게 맛있는 한 잔의 에스프레소 커피를 얻기까지는 수많은 공정이 필요하고 까다로운 조건이 요구된다. 이탈리아에서는 에스프레소의 맛을 결정하는 조건을 4가지로 나누고 첫 글자를 따서 4M이라고 칭한다. 즉,

첫째, 블렌딩(Miscela),

둘째, 그라인더(Machina dosatori),

셋째, 머신(Machina),

넷째, 바리스타의 기술(Manualita barista)

등이 그것이다.

이 중 블렌딩은 에스프레소를 추출하기 위한 재료의 단계로, 에스프레소에서 가장 중요한 요소이기도 하다. 좋은 맛을 내는 것은 물론 좋은 맛을 유지하기 위한 출발점이 블렌딩이기 때문이다.

그라인더에서는 커피의 양과 분쇄 크기 즉, 추출 시간이 결정된다. 분쇄

크기와 추출 시간이 비례한다는 사실은 바리스타들이 오해하거나 잊어버리기 쉬운 부분이기도 하다. 그 다음으로 커피기계에서 온도와 추출 압력이 결정되고 추출이 이루어진다.

이 모든 것을 이해하고 다루는 장본인이 바리스타이다. 바리스타의 손에 의해서 최종적으로 에스프레소의 맛이 결정된다.

하지만 에스프레소는 여러가지 추출 조건에 따라 맛의 변화가 크게 일어나는 추출법이기도 하다. 로스팅의 정도, 분쇄 크기, 투입량, 추출 온도, 물의 종류, 원두의 신선도, 추출 시간, 추출 압력, 청소 등 여러 가지 조건의 차이에 따라 맛이 천차만별로 달라질 수 있다.

에스프레소는 마시는 방법에 따라서도 색다르게 즐길 수 있다. 대개 우리는 그것이 어떻게 추출되고 어떻게 마셔야 맛이 더 좋은지, 어떻게 맛을 유지하는지에 대해 잘 모르는 상태에서 에스프레소를 추출한다. 에스프레소에 대해 이해하고자 하기보다 외우려고 하고 있다는 표현이 더 적절해 보일 정도이다.

일상적으로 밥을 할 때 가장 중요한 것은 쌀이고, 그 다음이 밥솥이다. 그리고 정작 진밥을 할지 아니면 된밥을 할지를 결정하는 것은 사람이다. 에스프레소 또한 마찬가지이다. 원두가 가장 중요하고, 그 다음으로 에스프레소 기계가 중요하다. 그리고 연한 에스프레소, 진한 에스프레소, 많은 양의 에스프레소, 적은 양의 에스프레소를 결정하고 추출하는 것은 사람이다.

이런 조건들을 알고 에스프레소를 마신다면 내가 원하는 에스프레소를 더욱 맛있게 즐길 수 있을 것이다. 마찬가지로 바리스타가 이런 조건을 잘 이해하고 있다면 손님이 원하는 맛의 에스프레소 커피, 더 맛있고 만족스러운 에스프레소 커피를 추출할 수 있을 것이다.

좋은 색깔의 에스프레소, 좋은 품질의 에스프레소, 좋은 향기의 에스프레소, 좋은 쓴맛의 에스프레소, 좋은 신맛의 에스프레소, 좋은 단맛의 에스프레소, 그리고 좋은 여운의 에스프레소... 그것은 커피를 마시는 사람은 물론 뽑는 사람까지 즐겁고 행복하게 만든다.

에스프레소에 관한 제반 사항을 잘 이해하고 기본을 지켜야 하는 이유가 여기에 있다.

Blending

CHAPTER 1
커피 맛을 결정하는 최초의 관문,

블렌딩

블렌딩은 에스프레소를 이해하기 위해서 우리가 알고 넘어가야 할 첫 번째 관문이다. 전문가들은 커피맛의 80%는 생두에서 좌우된다고 말한다. 그만큼 생두의 품질과 가공처리 과정이 중요하다는 얘기이다.

여기에서 말하는 블렌딩은 커피의 선별과 배합을 통칭하는 개념이다. 거기에는 생산단계와 가공처리, 로스팅과 블렌딩 등 원두커피의 품질을 결정하는 몇 가지 중요한 과정들이 포함되어 있다. 특히 좋은 생두를 고르기 위한 컵테스트, 좋은 맛과 향을 위한 블렌딩 테크닉은 좋은 에스프레소를 위한 첫 출발점이자 그 품질과 일관성 유지 여부를 결정하는 가장 중요한 요소로 손꼽힌다. 이 때문에 세계적으로도 유명한 유럽의 대형 커피회사들은 이 부분에 특히 많은 노력을 기울이고 있다.

커피 생두는 농산물이다. 기후조건에 따라 품질변화와 생산량 증감의 폭이 크기 때문에 가격도 수시로 달라진다. 뉴욕과 런던, 파리 등의 국제 선물시장을 통해 경쟁입찰 방식으로 생두 가격을 결정하고 유통하는 것도 이 때문이다. 매년 세계 60여 개국에서 생산되는 90억 달러 내외의 생두가 이곳에서 거래된다. 당연히 좋은 생두는 구매경쟁이 치열하고 가격도 높다.

블렌딩을 이해하기 위해서는 먼저 커피의 역사와 종류, 생산과 가공과정에 대해 알아둘 필요가 있다. 이는 거의 모든 커피책자에서도 통과의례처럼 다뤄 온 내용이지만, 에스프레소 추출과 서비스를 주 업무로 하는 바리스타들이 갖추어야 할 기본지식이자 상식이기도 하다.

참고로 여기에서는 로스팅과 블렌딩, 컵테스팅에 관한 디테일한 테크닉은 논외로 했음을 밝혀 둔다. 이 세 가지는 그 자체만으로도 수백 페이지의 이야기를 통해 풀어가야 할 또 하나의 전문적인 영역이다. 그것은 세계 각지의 생두에 대한 깊고 광범위한 이해를 바탕으로 기동력과 순발력, 응용력 등을 발휘해야 하는 고급 기술이기도 하다. 이 분야에 대해서는 앞으로 더욱 많은 관심을 가져야 할 것이다.

커피의 역사 | 커피의 종류와 분류 | 재배와 수확 | 커피의 정제 | 선별과 블렌딩
커피 로스팅 | 포장과 보존

커피개론

커피의 역사

커피의 발견

커피는 6~7세기경 에티오피아Ethiopia의 칼디Kaldi라는 목동에 의해 처음 발견되었다고 알려져 있다.

염소들이 빨간 열매berry를 따 먹고 흥분하여 뛰어다니는 광경을 목격한 칼디는 자신도 이 열매를 먹어보게 되었고, 그 결과 머리가 맑아지고 기분이 상쾌해지는 느낌을 받았다. 그는 이 사실을 이슬람 사원의 수도승에게 알렸고, 기분이 좋아지고 졸음을 방지해 주는 등 수양에 도움이 되는 신비의 열매로 알려지면서 여러 사원으로 퍼져 나갔다.

커피의 전래

원산지 에티오피아에서는 농부들이 자생하는 커피 열매를 끓여서 죽이나 약으로 먹기도 했다. 9세기 무렵 아라비아반도로 전해져 처음 재배되었으며, 나중에는 이집트, 시리아, 터키에 전해졌다. 이곳에서는 커피 열매를 끓여 그 물을 마시거나 열매의 즙을 발효시켜 카와kawa라는 알콜음료를 만들어 마셨다. 이 음료는 13세기 이전까지는 성직자만 마실 수 있었으나, 그 이후부터 일반 대중들에게도 보급되었다.

이 무렵 커피는 이슬람 세력의 강력한 보호를 받았다. 커피 재배는 아라비아 지역에만 한정되었고, 다른 지역으로 커피의 종자가 나가지 못하도록 엄격히 관리되고 있었다. 그러던 중 12~13세기에 걸쳐 십자군전쟁이 발발하면서 이슬람 지역을 침입해 온 유럽 십자군이 커피를 맛보게 되었다.

기독교 문화권인 유럽인들은 초기에는 커피를 이교도적 음료라 하여 배척했다. 그러나 밀무역으로 이탈리아에 들어온 뒤 교황으로부터 그리스도교의 음료로 공인받게 되었고, 일부 귀족들과 상인들을 중심으로 커피가 유행처럼 번져나가기 시작했다.

15세기에 이르러 수요가 늘자 아라비아의 상인들은 이를 독점하기 위하여 수출항을 모카Mocha로 한정하고 다른 지역으로의 반출을 엄격하게 제한했다. 그러나 16세기부터 인도에서 밀반출한 커피를 재배하기 시작했고, 17세기 말에는 네덜란드가 인도에서 커피 묘목을 들여와 유럽에 전파했다.

그 뒤 유럽의 제국주의 강대국들이 인도와 인도네시아 등 아시아 국가들을 식민지로 만들고 커피를 대량 재배하면서 전 세계에 알려졌다. 커피나무가 세계로 퍼져 나가면서 인도, 서인도제도, 중앙아메리카, 그리고 에티오피아의 바로 이웃나라인 케냐, 탄자니아 등에서도 광범위하게 재배되었다. 커피가 점차 대중화되면서 유럽 곳곳에 커피하우스가 생기기 시작했다.

한국에서는 1895년 러시아 공사관에 머물던 고종황제가 처음 커피를 마셨다고 전해진다. 민간에서는 독일인 손탁이 정동구락부에서 커피를 팔기 시작한 이후 1920년대부터 명동과 충무로, 종로 등지에 커피점들이 생겨나면서 소수의 사람들에게 알려졌다. 그 뒤 8.15해방과 6.25전쟁을 거치면서 미군부대에서 원두커피와 인스턴트 커피들이 공급되어 대중들이 즐기는 기호음료로 자리잡게 되었다.

Blending 2   커피의 종류와 분류

커피는 북위 25도 남위 25도 사이의 80여 개국에 걸친 커피벨트에서 생산이 되고 있다.

지구 온난화로 생산지역이 점점 확대되고 있다.

커피는 크게 3가지 종류로 분류되지만 다양한 교배종이나 잡종이 만들어지고 있다. 아라비카arabicas, 로부스타robustas, 리베리카libericas 종이 대표적이며, 아라비카종이 전 세계 산출량의 70%를 차지하고 있다. 남은 30%의 대부분은 로부스타종이고, 리베리카종은 2~3%밖에 생산되지 않는다.

아라비카는 에디오피아에서 처음 발견되었고, 로부스타는 콩고, 리베리카는 라이베리아에서 처음 발견이 되었다.

브라질, 콜롬비아 등 중미와 남미에서 아라비카가 많이 생산되고, 베트남, 인도네시아, 인도 등 남동아시아 지역에서는 로부스타가 많이 생산된다. 브라질은 가장 큰 아라비카 생산지이자 인도네시아 다음으로 큰 로부스타 생산지이기도 하다. 최근에는 베트남이 범국가적으로 커피생산에 뛰어들면서 세계생산2위의 신흥 커피 강국으로 부상하고 있다.

국제적으로 교역될 때에는 편의상 콜롬비아 커피를 중심으로 한 마일드mild, 브라질 커피를 중심으로 한 자연건조식 아라비카natural arbica, 인도네시아를 중심으로 한 로부스타robusta 등 3가지 종류로 구분하고 있다.

표1) 아라비카와 로부스타의 특징

구분	아라비카	카네포라
주요 종	티피카	로부스타
최적 기후	온화한 기후	따뜻하고 습한 기후
고도(m)	600~2,200	0~800
온도(℃)	15~24	18~36
강수량(mm/년)	1,200~2,200	2,200~3,000
나무의 크기	자가 수정 관목	타가 수정 관목
잎 모양	작고 광택 있는 타원형	크고 폭이 넓음
꽃의 크기	작음	큼
체리	잎겨드랑이에 송이로 열림 (빨간색의 심홍색 또는 노랑색)	잎겨드랑이에 송이로 열림 (검은색의 심홍색)
외관(mm)	직사각형의 타원형(15)	타원형, 말랐을 때 줄무늬(12)
익는 기간(개월)	7~9	9~11
원두 모양	타원형, 납작, 깊은 홈	타원형에서 원형
길이(mm)	5~13	4~8
카페인(%)	0.9~1.4(평균 1.2)	1.8~4.0(평균 2.2)

아라비카

원산지가 에티오피아인 아라비카는 잎의 모양과 색깔, 꽃 등에서 로부스타와 미세한 차이를 나타낸다. 아라비카는 다 자란 나무의 크기가 5~6m이며, 평균기온 20℃ 전후, 해발 600~2,000m의 고지대에서 주로 재배된다.

기후나 토양, 병충해에 민감하고 특히 열에 약해서 온도가 30℃ 이상으로 올라가면 불과 2~3일 내에 해를 입고 만다. 아라비카는 단맛, 신맛, 감칠맛, 그리고 향기가 뛰어나 대체로 가격이 비싼 편이다. 성장속도는 느리지만 향미가 풍부하고 카페인 함유량도 로부스타에 비해 적다. 모양은 로부스타에 비해 평평하고 길이가 길며 가운데 새겨진 고랑이 굽어 있다. 색은 좀 더 진한 녹색이며 때때로 푸른 색조를 띄기도 한다.

로부스타

아라비카에 비해 강인한 종자로 열악한 환경에서도 잘 자란다. 해수면 기준 0~800m 정도의 아프리카 및 아시아의 열대지역에서 생산되고 있다.

잎과 나무의 크기가 아라비카보다 크지만, 열매는 리베리카나 아라비카보다 작다. 다 자란 나무의 키는 8~10m이며, 30℃ 이상의 온도에 7~8일 정도 견딜 수 있고, 기생충과 질병에 대한 저항력이 아라비카종보다 훨씬 강하다. 대개 로부스타는 신맛과 단맛은 아라비카종에 비해 떨어지지만 한 그루당 생산량이 아라비카보다 월등히 많고 구수한 맛이 특징이다. 가격이 저렴하기 때문에 다른 커피와 배합하거나 인스턴트커피를 제조하는데 사용한다. 하지만 품질과 맛이 뛰어난 일부 로부스타 생두는 아라비카보다 비싼 가격에 거래되기도 한다.

모양은 둥근형으로, 가운데 새겨진 고랑이 직선으로 되어 있다. 내추럴 생두의 색은 황갈색을 띠고 수세 처리된 생두는 연두색을 띤다.

Blending 3 재배와 수확

커피나무는 아프리카 에티오피아가 원산지인 다년생 쌍떡잎 식물이다. 열대성 상록교목perennial evergreen으로 꼭두서니rubiaceae과의 코페아coffea 속(屬)에 속한다.

커피나무의 크기는 품종이나 자연환경, 관리상태에 따라 달라진다. 야생에서는 10m 이상 자라는 경우도 있지만, 수확의 편의를 위하여 지속적으로 가지치기를 해줌으로써 나무의 키를 2~3m 정도로 유지시킨다. 나무의 지름은 10cm 정도이며, 가지는 옆으로 퍼지고 끝은 처진다. 품종과 환경조건에 따라 다르지만, 1년생 커피나무는 가지가 6~10단계까지 발달하며, 2년이 지나면 1.5~2m까지 자라면서 꽃을 피우기 시작한다.

커피의 성장

파치먼트parchment라 불리우는 커피 씨앗을 심은 후 40~60일이 지나면 싹이 튼다. 9~18개월이 지나면 50~70cm 정도로 성장하며, 3~4년이 지나면 커피를 수확할 수 있을 정도로 성숙된다. 커피나무는 기후나 토양 등 성장조건에 따라 조금씩 다른 형태를 띄는데, 보통 아라비카의 경우 2~4m, 로부스타의 경우 4~6m 정도 성장하게 된다.

수확을 위해 경작된 커피나무의 종류는 2m의 작은 나무부터 3m의 중간

크기, 5m의 큰 나무까지 다양하다. 아라비카 커피나무의 꽃은 곁가지의 잎 겨드랑이에 맺히며, 5~6개의 꽃잎을 가진 2~19개의 흰색 꽃송이가 개화된다. 가루받이 후 꽃은 시들고 체리cherry라는 열매가 맺힌다. 처음 녹색을 띠고 있는 체리는 기후와 환경에 따라 아라비카는 7~9개월, 로부스타는 9~11개월 동안 익어가며, 지름 1.5cm정도 크기의 붉은색 열매로 성숙된다.

체크포인트1) 커피나무의 성장과정

1. 비옥한 흙과 비료를 섞어 묘판을 만들고 1~2개의 커피 씨앗(파치먼트)을 심는다. 종자를 뿌린 뒤 40~60일 정도 지나면 싹이 돋고, 20~30일이 경과하면 떡잎이 나온다.
2. 파종하고 나서 약 5개월이 경과한 묘목. 나무의 모습을 갖춰가기 시작한다.
3. 이식 직전의 묘목들. 발아 후 약 10개월이 지나면 농원으로 이식하게 된다.
4. 커피농원으로 이식된 후의 커피나무들. 식수 후 2년이 지나면 정상적인 커피나무로 성장하면서 수확이 가능한 수준에 도달한다.
5. 발아 후 약 1년이 지나면서부터 꽃이 피기 시작하고 열매도 조금씩 열린다. 커피 꽃은 잎이 붙어 있는 줄기 사이의 겨드랑이에 군생해서 핀다. 3년이 지나면 다량의 수확이 가능할 정도로 자란다.
6. 잘 익은 커피체리. 은은한 단맛이 나는 외과피(껍질)를 벗기면 내과피에 둘러쌓인 씨앗(파치먼트)이 나오며, 이 내과피를 제거하고 잘 말린 다음 껍질을 제거해야 최종적인 그린빈이 완성된다.(7~10)

수확

커피체리가 다 익고 나면 수확이 시작된다. 수확기는 지리학적인 위치에 따라 달라지지만 한 해에 한 번 수확 하는 것이 일반적이다.

우기와 건기의 구별이 뚜렷할 경우 북반구에서는 9월에서 3월까지, 남반구에서는 4월에서 5월까지(8월까지 수확이 계속되기도 함)가 주된 수확기이다. 콜롬비아나 케냐처럼 우기와 건기의 구별이 뚜렷하지 않은 나라에서는 1년에 2번의 개화기가 있어 수확도 2번 이뤄지며, 적도 부근의 나라는 일 년 내내 수확이 가능하다. 수확하는 방식은 농장의 상황에 따라 따내기와 훑기 등 2가지로 분류된다.

따내기 Picking

따내기

일꾼들이 팀을 이루어 나무 사이를 뒤지며 잘 익은 열매만을 골라 하나씩 손으로 따는 방법으로, 핸드피킹 hands picking이라고 부르기도 한다.

덜 익은 체리는 남겨 두었다가 다 익으면 따는데, 보통 1주일 간격으로 작업이 이루어진다. 인건비가 많이 드는 단점이 있지만, 잘 익은 체리만 선별하여 수확하기 때문에 고품질의 커피를 생산할 수 있다. 소규모 농원이나 기계식 수확이 불가능한 지역에서 주로 사용하는 방법이다.

훑기

기계수확

훑기 Stripping

나뭇가지를 손으로 훑어내려 열매를 떨어뜨린 후 빠르게 긁어모으는 방식이다. 브라질의 대단위 농장에서는 기계를 이용해서 한꺼번에 훑어 수확하기도 한다.

따내기에 비해 대량수확이 가능하지만, 덜 익은 체리까지 한꺼번에 수확되거나 가지와 잎 등 이물질이 포함될 가능성이 높아 전반적으로 품질은 떨어지는 편이다. 또 땅에 떨어진 생두가 박테리아에 전염될 위험성도 있다. 브라질 등 대규모 기업형 경작지에서 기계를 이용하여 대량으로 수확하는 방법을 사용하기도 한다.

커피의 정제

잘 익은 커피체리는 씨앗을 둘러싸고 있는 끈적한 내과피(생두의 껍질, 파치먼트)와 0.5~2mm의 두껍고 당과 수분이 풍부한 아교질의 중과피(과육, 펙틴), 익었을 때 빨간색이거나 노란색인 외과피(껍질)를 가지고 있다. 보통 체리 1개당 2개인 씨앗(커피콩)은 성장조건과 유전자 형태에 따라 크기, 모양, 밀도가 다를 수 있다. 때로 체리는 하나의 둥근 콩만 가지고 있을 때도 있는데 이것을 피베리 peaberry라고 부른다.

커피열매 중에서 우리가 사용하는 것은 씨앗인 생두 green bean(커피콩)이다. 따라서 수확한 열매에서 생두 외의 불필요한 과육 부분은 제거되어야 한다.

과육을 제거하는 방법은 크게 건식처리 dry processing과 습식처리 wet processing로 분류된다. 일부 예외는 있지만 건식으로 처리된 생두는 내추럴 natural, 습식으로 처리된 생두는 마일드 mild라 불린다.

그림1) 커피체리의 구조

커피 체리

피베리

건식처리

건식법은 전통적인 커피 생산방법으로, 지금도 많은 물을 사용하기 힘든 지역이나 소규모 농원에서 주로 이용되고 있다. 자연건조 natural dry와 인공

건식 처리

습식처리

그림2) 커피의 가공과정

건조artificial dry로 나뉜다.

자연건조의 경우 햇빛을 이용하기 때문에 별도의 설비에 대한 투자가 필요하지 않다. 수확한 체리 중 덜 익었거나 너무 익은 것, 손상된 것을 제거하는 선별과정을 거친 후 주로 시멘트나 콘크리트로 만들어진 건조장이나 맨땅에 널어 건조하는 방식으로, 약 2주 정도의 시간이 필요하다. 건조기간에는 고르게 마르도록 뒤섞어 주고, 밤에는 이슬을 피하기 위해 한 곳에 모아 덮개를 씌워준다.

건조가 잘 되었을 경우 커피 열매를 흔들면 씨앗과 외과피가 부딪히는 소리가 나는데 이때 수분함량은 약 20% 정도이다. 이렇게 건조된 체리의 과육을 제거하면 커피 생두를 얻게 되며, 이를 다시 건조하여 수분이 12~13% 정도가 되도록 한다. 그 후 크기에 따라 등급을 분류하고 이물질을 제거하게 되는데, 자동화된 설비를 이용하기도 하고 수작업에 의존하기도 한다.

인공건조는 건조탑이라는 설비를 요하며, 인건비가 비쌀 경우 주로 이용하게 된다. 이 때 건조하는 온도가 품질에 미치는 영향은 매우 크다. 보통 50℃의 열풍으로 3일 정도 건조시키고, 건조가 끝나면 자연건조된 커피와 동일한 과정을 거쳐 생두로 가공된다.

건식처리

습식처리

습식법은 현대적인 가공방법으로 건식법에 비해 비용은 많이 들지만 건식처리보다 좋은 품질의 커피를 얻을 수 있어서 대부분의 아라비카 생산국에서 사용되고 있다.

수세식에서는 먼저 수확된 커피 열매를 수조에 담아 물에 뜨는 것들을 제거한 다음 과육을 제거하기 위한 설비pulper를 통해 외과피와 과육을 제거하게 된다.

그 다음 다시 수조에 넣고 물에 뜨는 것들을 제거한 후 발효과정을 거치게 되는데, 이는 펙틴pectin이라고 불리우는 끈적끈적한 점액질을 제거하는 과정으로, 커피 자체가 가지고 있는 효소와 미생물에 의해서 이루어진다. 1~2일간의 발효 후 물로 지저분한 것들을 씻어내고 건조과정을 거치면 내과피parchment로 둘러쌓인 생두를 얻게 된다.

습식처리

일반적으로 생두는 이 내과피에 둘러쌓인 상태에서 품질이 가장 잘 보존되므로 출하 직전까지 이 상태로 보관한다. 출하 시에는 내과피 제거기huller로 제거한 후 크기에 따라 분류하고 이물질과 결점두를 제거한 다음 마대에 담아 출하한다.

최근에는 반수세식semi-washed이라는 새로운 가공 방법이 생겼는데, 이는 건식법과 습식법이 합쳐진 형태이다. 수조에서 체리를 선별하고 과육을 제거한 후 건식법에 의해 건조를 하는 것으로, 시각이나 관능적으로는 건식법의 특징을 그대로 유지하면서로 선별의 정확도를 강화한 가공방법이라고 할 수 있다.

소규모 커피농장이나 스페셜티 커피를 지향하는 농장 등에서 시설을 개보수하면서 반수세식 형태를 많이 도입하고 있다.

Blending 5 선별과 블렌딩

선별의 중요성

다른 농업 생산품 이상으로 커피는 지속적이고도 정교한 품질 테스트를 거쳐 평가된다. 그러나 대개의 농산품에서와 같이 커피생두의 경우에도 결점두를 모두 제거해낸다는 것은 거의 불가능한 일이다.

수확할 때 손으로 따내는 작업으로 불량 과실을 분류해 내고, 그 다음 정제과정에서 다른 이물질과 결점두를 어느 정도 제거하는 것은 가능할 것이다. 이물질이나 결점두의 많고 적음은 곧 생두의 품질을 결정하는 요소이기 때문에 대규모 커피 생산지에서는 특히 이 분야에 많은 노력을 기울여 왔다.

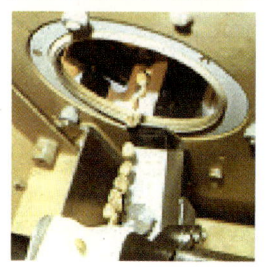

최근에는 바이크로메틱 시스템과 같은 더욱 혁신적인 설비를 도입, 생두를 자동으로 분류하는 경우도 있다. 광전지(光電池)photocell의 원리에 기초한 이 기계는 정해진 색상에 미치지 못하는 원두를 감지하여 한 치의 오차도 없이 제거하는, 매우 정교하고 혁신적인 자동화 설비이다.

참고로 미국스페셜티커피협회SCAA, Specialty Coffee Association of America에서는 생두 350g당 파치먼트parchment, 드라이 체리dried cherry, 깨진 생두broken bean 등의 결점두가 5개 이내일 것, 미성숙두가 1개도 없을 것, 함수율이 10~13% 일 것을 요구하고 있다. 여기에 원두에 대한 엄격한 향미평가를 거쳐 합격점을 받아야 스페셜티 그레이드specialty grade로 평가받는다.

생두의 등급

1) 재배 고도에 따른 분류

과테말라, 온두라스, 멕시코 등에서 주로하는 분류 방법으로
지대가 높으면 일교차가 심하여 햇볕이 뜨거운 낮에는 생두가 커지기 위해
팽창하고, 밤에는 기온이 급강하하여 수축을 한다.
이와 같은 현상이 반복 되면 생두의 밀도가 높아지고 단단해진다.
실제로 고밀도의 생두는 저밀도에 비해 추출 했을 때 맛과 향이 훨씬
풍부한 것을 느낄 수 있다.

Strictly Hard Bean - 1,500이상 (SHB)
Hard Bean - 1,350~1,500m (HB)
Semi Hard Bean - 1,200~1,350m (SH)

2) 생두 크기에 따른 분류

콜롬비아, 코스타리카, 자메이카, 케냐에서 주로 하는 방법.
Supremo(AA) - 스크린 사이즈 17이상
Excelso - 스크린 사이즈 15이상
1스크린이란 1/64인치에 해당하는 것으로 0.4mm이다.

3) 결점 두 수에 따른 분류

결점 두 - 색깔이 변한 것, 깨진 것, 벌레먹은 것 등
인도네시아, 에티오피아에서 사용
300g에서 나오는 결점 두 수

Grade 1 - 0~3

Grade 2 - 4~12

Grade 3 - 13~25

Grade 4 - 26~45

블렌딩

생두는 품종에 따라 각각 지니고 있는 맛과 향의 특성이 다르다. 때문에 특정 종류의 생두의 부족한 점을 다른 종류로 보강시켜서 더욱 조화로운 맛과 향을 추구하게 된다. 이 과정을 블렌딩blending이라 부른다.

블렌딩할 때 생두는 유통이나 가격에 무리가 없고 품질이 안정된 것을 선택해야 한다. 가격에 치우쳐 저급한 품질의 생두를 사용할 경우에는 양질의 커피를 만들어낼 수 없다. 또 생두의 종류에 따른 블렌딩 비율은 정확한 계량을 거쳐 결정해야 한다. 보통 2~5 종류의 생두를 혼합하는데, 로스팅 후 아무 특징이 없는 커피가 되기 쉬우므로 너무 많은 종류를 섞지 않는 것이 좋다.

로부스타 종은 대개 쓴맛이 강하고 향기는 약하며 카페인 함량은 높다. 그러나 가격적인 이점과 맛의 깊이 및 일관성 유지에 유리하기 때문에 블렌딩할 때 폭넓게 이용되고 있다.

여기에 더욱 세련된 맛을 추구하기 위해서 아라비카가 가미된다. 아라비카는 맛이 부드럽고 향이 풍부하기 때문에 조화로운 맛을 내는데 필수불가결하다. 아라비카는 꽃향기에서 초콜릿향에 이르기까지 다양한 맛과 향을 내는 요소이기도 하다. 단맛과 상큼한 신맛을 내기 위해서는 수세식으로 처리된 아라비카를 섞는 것이 좋다고 알려져 있다.

맛과 향을 위해서 생두단계에서 블랜딩하는 선 블랜딩과 로스팅 후에 블랜딩하는 후 블랜딩이 있다. 생두의 크기와 무게, 특성 등이 각기 다른 상태에서 균일한 정도의 로스팅을 하는 것은 쉬운 일이 아니다. 여기에는 오랜 노하우가 필요하며, 각기 다른 생두에 대한 품질평가와 맛 테스트, 블렌딩 이후의 맛과 향에 대한 종합적인 안목과 확신이 요구된다. 에스프레소를 중심으로 하는 유럽의 대규모 로스팅 회사들은 대개 이 방법을 쓰고 있다.

각 원두의 특성과 개성을 살리기 위해서 로스팅 후 블렌딩을 고집하는 경우도 있다. 소규모 로스터들이 주로 쓰는 방법으로, 이럴 경우에는 1차 개별 테스트 외에 블렌딩 후 2차 테스트를 거쳐야 하는 번거로움이 따른다.

블렌딩은 오랜 경험과 노하우를 요구하는 고도의 테크닉이다. 생두의 품질 감별에서부터 원두의 맛 평가는 물론 각각의 맛을 섞었을 때의 결과에 대한 분석과 예상능력도 갖추어야 한다. 특히 해마다 기후변화나 작황에 따라 맛이 미묘하게 달라지는 생두를 가지고 일관된 맛이 나도록 블렌딩하고 로스팅하는 것은 쉬운 일이 아니다.

이 때문에 블렌딩 데이터는 각 회사의 노하우이자 극비사항으로 취급된다. 유명 커피회사의 베테랑 블렌더들 중에는 억대 연봉을 받으며 호사를 누리는 고급 기술자도 더러 있다.

체크포인트2) 블렌딩의 3대 법칙

1. 생두의 성격을 잘 알고 있어야 한다 사용하고자 하는 생두의 장단점을 잘 파악하고 결점을 보충할 수 있는 생두를 선택하는 안목이 요구된다. 또 각각의 생두를 사용해서 얻을 수 있는 효과의 정도를 명확히 예측할 수 있어야 제대로 된 맛을 추구할 수 있다.

2. 안정된 품질을 기본으로 삼는다 블렌딩의 기본이 되는 생두는 브라질, 콜롬비아 등 품질이 안정된 것을 사용하는 것이 좋다. 가격이 만만치 않긴 하지만, 공인된 컵테스트를 통해 인정을 받은 생두를 사용하는 것도 한 방법이다.

3. 개성이 강한 것을 우선으로 한다 개성이 강한 생두를 주재료로 삼고, 섬세한 맛을 보완해줄 수 있는 생두를 보충재로 활용한다. 대표적인 2종 블렌딩에는 모카자바(Mocha-Java)가 있다. 모카자바는 에티오피아의 모카와 인도네시아의 자바를 반씩 혼합한 것으로, 맛과 향의 균형과 어울림이 좋은 것으로 알려져 있다.

Blending 6 커피 로스팅

 한 알의 커피가 원두를 이용해서 마시는 음료로 만들어지기 위해서는 로스팅roasting(배전), 그라인딩grinding(분쇄), 추출brewing 등 3가지 공정을 거쳐야 한다. 이 중에서도 로스팅은 컵서비스 이전의 마지막 단계이자 커피의 고유한 향미가 생성되는 핵심 공정이다.

 로스팅은 일종의 '과학'이자 '마술'이다. 불쾌한 향미의 생두가 진한 갈색의 고소한 원두로 탈바꿈되면서 비로소 원두커피로 재탄생된다. 이 과정에서 600여 가지 이상의 다양한 화학물질이 생성되는 것으로 알려져 있다.

커피의 성분

 커피 생두에는 수분, 회분, 지방, 조섬유, 조당분, 조단백, 카페인 등의 성분이 들어 있다. 각 성분의 비율은 품종과 재배하는 곳의 환경에 따라 다르지만, 조당분이 30% 내외로 가장 많은 비중을 차지한다.

 조당분은 설탕이나 포도당과 같은 형태로 존재하며, 열을 가하면 캐러멜로 변하면서 커피색을 낸다. 이것은 향기와 감칠맛을 증대시키는 작용을 한다.

 지방은 커피의 향과 깊은 관계가 있는 성분으로 12~16%가 들어 있다. 팔미트산palmitic acid과 리놀산linolic acid을 많이 함유하고 있으며, 그 밖에 올레산oleic acid, 스테아르산stearic acid 등도 들어 있다.

카페인caffeine은 커피의 맛을 지배하는 가장 특징적인 성분이다. 함유량은 1.3% 안팎이지만, 의약적 효과가 있는 흥분제로써 뜨거운 물에 잘 녹고 상쾌한 자극을 준다. 이와 함께 이뇨, 변통, 진통 등에 효과가 있으며 특히 편두통에 효력이 큰 것으로 알려져 있다.

커피의 독특한 쓴맛은 탄닌tannin에서 비롯되며, 보통 3~5%가 들어 있다. 탄닌은 대개 하급품일수록 함유량이 많다. 지나치게 볶거나 달이면 용출량이 증가하여 쓴맛이 더 강해지고, 침출시간이 길면 탄닌이 분해되어 피로겔롤pyrogallol이란 성분이 생기면서 풍미를 급속하게 떨어뜨리게 된다.

향기 성분은 생두를 볶는 과정에서 생기는 카페놀과 에테르 성분으로 휘발성이 있어 분쇄 후 내버려 두면 약 2주일 만에 없어진다. 원두는 엷게 볶을수록 열분해가 적고 특징이 잘 나타나지만 위에 대한 부담은 크다. 위장의 부담을 줄이려면 커피를 적절하게 볶아야 한다. 여기에 우유를 첨가해서 마시면 자극을 좀 더 완화시킬 수 있다.

로스팅의 원리와 과정

로스팅은 '시간과 온도에 의존하는 공정time temperature dependent process'이다. 커피생두의 물리화학적 변화와 함께 구조적 변형이 로스팅에서 시작되고 완성된다. 수분이 증발되고, 이산화탄소가 생성되어 방출되며, 여러 휘발성 향기성분이 생성되고 손실된다. 부피는 약 2배까지 증가하고 조직이 다공성으로 바뀌면서 밀도는 반 이하로 감소한다. 로스팅 정도에 비례해서 감소하는 커피의 성분으로는 트리고넬린trigonelline, 클로로겐산chlorogenic aacid이 있는데, 이들의 함량을 측정하여 배전정도를 파악하기도 한다.

로스팅의 원리는 열전달에 있다. 전도conduction, 대류convection, 복사radiation

에 의해 공급된 열이 생두를 가열하면서 일어나는 반작용이다.

　로스터를 사용할 때에는 사용하기 20~30분 이전에 예열을 하게 된다. 이는 기계 내부의 열흐름을 안정시키고 생두 투입 시 최적의 조건을 만들어 주기 위함이다. 예열은 낮은 온도로부터 시작하여 약 210℃ 까지 천천히 온도를 올려주는 방식으로 진행된다. 이때 온도를 너무 빨리 올리면 기계 본체에 물리적인 충격이 가해질 수 있으므로 주의해야 한다.

　로스팅 초기에는 흡열반응이 일어나고, 생두 자체의 온도가 서서히 올라가면서 수분의 증발이 이루어진다. 생두의 자체온도가 190℃에 도달하면 열을 방출하는 발열반응이 일어나면서 내부 온도가 급속하게 상승한다. 커피의 향기성분이 본격적으로 생성되기 시작하는 시점이다.

　원하는 정도에 이르면 과정을 신속히 끝내고 원두의 자체온도를 순간적으로 떨어뜨려야 한다. 이때 주로 이용되는 방법이 워터퀀칭 water quenching이다. 매우 짧은 시간에 물을 분사해주는 것으로, 물의 양은 원두의 수분율을 약 1~2% 정도 증가시키는 정도가 좋다. 이 경우 배전된 원두의 수분함량은 4% 정도가 된다.

　물을 뿌린 후에는 곧바로 냉각 cooling 과정을 거친다. 이는 쿨링카트 colling cart로 방출된 원두를 회전시키면서 찬 공기를 불어넣어 빠르게 냉각시키는 과정이다. 이때 온도를 얼마나 빨리 떨어뜨리느냐에 따라 향미의 정도와 보존이 달라질 수 있다.

　소형 로스터기의 경우에는 물 뿌리는 과정이 생략되기도 한다. 과거에는 원두 표면의 색을 육안으로 관찰하며 로스팅 정도를 조절하였으나, 요즈음에는 과학의 발달과 함께 원두의 표면온도를 전자시스템으로 측정하여 로스팅 정도를 조절하기도 한다.

로스터의 종류

로스터roaster, roasting machine는 크게 수동식과 자동식으로 분류된다. 아직도 아프리카나 아시아의 일부 지역에서는 철판에 불을 지펴 커피를 볶는 재래식 로스팅 장면을 볼 수 있다. 일부 개인 커피숍에서는 수망로스터나 샘플 로스터 등의 수동식 로스터를 사용하기도 한다. 그 종류가 다양하고 만드는 방법에 따라 얼마든지 응용이 가능하므로 여기에서는 자동식 로스터의 종류만 간단하게 살펴보기로 한다.

직화식 로스터

직화식 로스터 Conventional Roaster, Drum Roaster

가장 보편적인 로스터로 원통형의 드럼을 가로로 눕힌 형태가 대부분이다. 가스나 오일버너에 의해 가열된 드럼의 표면과 뜨거워진 내부 공기에 의해 배전된다. 드럼의 회전에 의해 생두를 고르게 섞어가며 볶고, 끝나면 앞쪽의 문을 열어 냉각기로 방출한다.

반열풍식 로스터

반열풍식 로스터 Semi-Rotating Fluidized Bed Roaster

직화식 로스터의 변형으로, 드럼의 몸체에 구멍을 뚫어perforated 고온의 연소가스가 드럼 내부를 지나도록 한 것이다. 팬fan이나 모터mortar를 이용해 연소가스를 강제로 불어넣는 방식, 고온의 연소가스를 재활용recycle하여 열효율을 높인 것 등이 있다.

열풍식 로스터

열풍식 로스터 Rotating Fluidized Bed Roaster

고온의 열풍을 불어넣어 배전하는 방식을 말한다. 고온의 고속 열풍에 의해 생두가 공중에 뜬 상태로 섞이고 볶이기 때문에 직화식보다 균일하게 볶을 수 있으며, 배전시간도 빠르다. 배전실과 냉각실이 별도로 설치되어 있어 열손실이 적다는 장점도 가지고 있다.

숯불로스터 Charcoal Roaster

1970년대에 일본에서 개발된 것으로 숯의 강렬한 열을 이용해 로스팅한다. 숯이 발하는 원적외선이 생두의 내부를 가열하여 겉과 속이 균일하게 배전되는 장점을 가지고 있다. 또 숯이 탈 때 발생하는 고유의 스모크smoke가 커피에 스며들어 독특한 향을 즐길 수 있다.

디지털 로스터 Digital Roaster

전기를 이용해 복사열과 적외선으로 커피를 볶는 전기로스터electronic roaster가 여기에 속한다. 디지털 프로그래밍 기술을 활용해 자동으로 로스팅할 수 있기 때문에 누구나 쉽게 로스팅할 수 있다는 것이 장점이다.

로스팅 단계

로스팅은 커피 가공과정에서 가장 중요한 부분으로 커피 고유의 맛과 향, 신맛과 쓴맛의 정도를 결정짓는 핵심 테크닉이다. 약하게 로스팅 할수록 신맛이 강해지고 강하게 볶으면 쓴맛이 강조된다. 이 때문에 로스팅 레벨에 따라 커피의 종류를 나누기도 한다.

커피는 기호식품이다. 진하고 깊은 쓴맛의 커피를 좋아하는 사람이 있는가 하면, 연하고 신맛이 좋은 커피를 즐겨 마시는 사람들도 있다. 이 중 어떤 맛을 추구할 것인가가 바로 이 로스팅 단계에서 결정된다. 따라서 로스터는 생두의 특성을 잘 파악하고 있어야 하며, 소비자의 기호에 부응할 수 있는 적절한 로스팅 테크닉을 갖추고 있어야 한다. 아무리 좋은 생두라도 블렌딩이나 로스팅 단계의 테크닉이 전제되지 않으면 맛과 향이 제대로 살아나지 않기 때문이다.

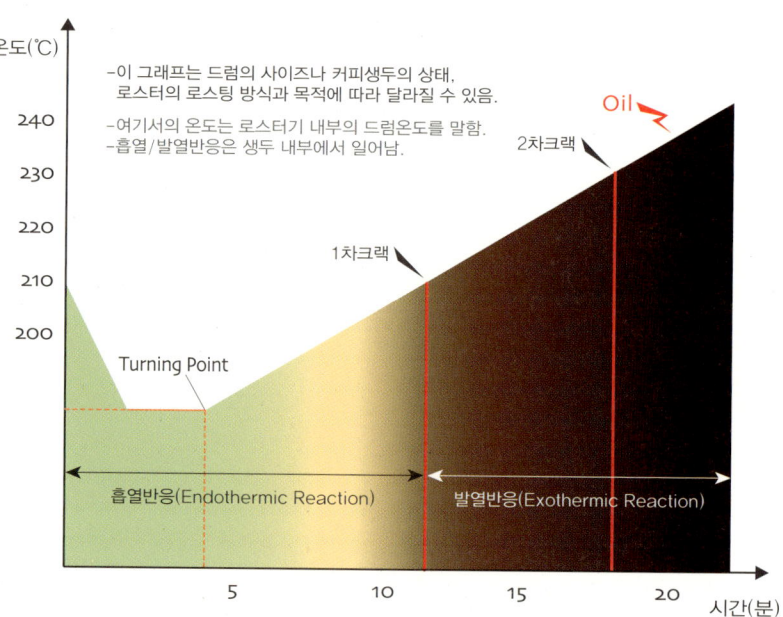

표2) 온도와 시간에 따른 로스팅 단계

SCAA (9단계)	① Extra-Light ② Very Light ③ Light ④ Midium Light ⑤ Midium ⑥ Midium Dark ⑦ Dark ⑧ Very Dark ⑨ Extra-Dark
북미지역 (6단계)	① Cinnamon Light ② Midium ③ American Light ④ High American Light ⑤ Full City ⑥ Espresso Europian (유럽도 이와 유사함)
일본 (8단계)	① Light ② Cinnamon ③ Midium ④ High ⑤ City ⑥ Full City ⑦ French ⑧ Italian

표3)
세계 각국(단체)의 로스팅 단계

로스팅의 기준이 되는 로스팅 단계roasting stage는 커피를 생산하거나 소비하고 있는 나라와 단체에 따라 16단계에서부터 3단계에 이르기까지 여러 가지로 분류하고 있으나, 우리나라에서는 일본의 영향으로 8단계 로스팅이 보편적인 기준으로 적용되어 왔다.

참고로 8단계 로스팅의 각 단계별 변화와 특징을 살펴보면 다음과 같다.

라이트 로스팅 Light Roasting (최약배전)

감미로운 향기가 나지만 이 단계의 원두를 가지고 커피를 추출하면 커피 본래의 쓴맛과 단맛, 깊은 맛을 느끼기 어렵다. 로스터에 투입한 생두가 열을 흡수하면서 수분이 빠져나가기 시작하는 초기 단계로, 생두의 색깔은 황색을 띠게 된다.

시나몬 로스팅 Cinnamon Roasting (약배전)

신맛이 잘 살아나는 단계로, 커피의 좋은 신맛을 즐기고 싶은 사람들에게 적합하다. 생두의 외피silver skin가 왕성하게 제거되기 시작하는 시점이다. 황색의 원두가 황갈색으로 변한다.

미디엄 로스팅 Midium Roasting (중약배전)

아메리칸 로스트American roast라고도 한다. 신맛이 강하고 쓴맛이 살짝 가미된 아메리칸 스타일의 커피를 만들기에 좋은 로스팅 레벨이라고 할 수 있다. 식사 중에 입가심을 겸해서 마시는 커피, 빠르고 쉽게 추출해서 편하게 마시기에 좋은 초기 단계의 커피이다. 원두는 담갈색을 띤다.

하이 로스팅 High Roasting (중배전)

신맛이 엷어지면서 단맛이 나기 시작한다. 가장 일반적인 로스팅 단계로 우리가 흔히 접하게 되는 갈색의 원두가 만들어진다. 부드러우면서도 신맛과 단맛이 우러나오는 레귤러 커피로 즐기기에 좋다. 최근에는 핸드드립용으로 하이로스팅이 많이 추구되고 있다.

시티 로스팅 City Roasting (강중배전)

저먼 로스트German roast라고 부르기도 하는 단계로, 균형 잡힌 맛과 강한 느낌의 향미가 느껴진다. 맛과 향이 대체로 표준이며, 원두의 색상은 진갈색을 띠게 된다. 대개의 로스터들이 많이 취하고 있는 로스팅 방식으로, 무난한 균형미를 추구하기에 유리하다.

풀시티 로스팅 Full City Roasting (약강배전)

신맛은 거의 없어지고 쓴맛과 진한 맛이 살아나면서 커피 고유의 맛이 강조되는 단계이다. 아이스커피에 적합하며, 에스프레소 커피의 표준으로 많이 채택된다. 크림이나 우유를 가미하여 마시는 유러피안 스타일의 커피에 알맞다. 원두의 색깔은 암갈색으로 변한다.

그림3)
로스팅 정도에 따른
원두의 색깔 변화

프렌치 로스팅 French Roasting (강배전)

쓴맛이 더욱 진해지면서 진한 커피맛과 중후한 뒷맛이 강조된다. 표면에 기름기가 돌기 시작하는 단계로 원두는 검은 흑갈색이 된다. 마지막 단계의 로스팅 타임이 매우 짧기 때문에 로스터의 테크닉과 순발력이 요구되는 레벨이기도 하다. 커피의 진한 맛을 즐기기에 적합한 로스팅 단계로, 요즘도 프렌치 로스팅을 고집하는 로스터들이 있다.

이탈리안 로스팅 Italian Roasting (최강배전)

쓴맛과 진한 맛이 정점에 달한다. 생두의 종류에 따라서는 타는 냄새가 나는 경우도 있으며, 로스팅 타임도 매우 짧다. 과거에는 일본의 영향으로 이탈리안 로스트를 고집하는 경우도 있었으나, 최근에는 그 예를 찾아보기 어렵다. 심지어 이탈리아 본토에서도 최강배전은 거의 하지 않는다.

그러나 일반 로스터들이 이러한 로스팅 단계를 정밀하게 적용하는 것은 그리 쉬운 일이 아니다. 이에 따라 로스팅 과정을 간략하게 약배전light roasting, 중배전midium roasting, 강배전dark roasting 등 3단계로 나누기도 한다.

로스팅 후의 성분변화

본격적인 로스팅은 로스팅 기계로 이루어진다. 로스팅이 시작되면 불과 몇 분 이내에 수분이 증발되면서 원두의 무게는 20% 가량 줄어든다. 하지만 그와 동시에 원두의 크기는 60% 정도 늘어나며, 이와 함께 메일라드maillard 작용이라 일컫는 물리화학적 변화가 일어나면서 맛과 향을 내는 원소들이 활성화된다. 원두의 팽창은 이산화탄소와 함께 세포 내부에 있는 휘발성 향 물질을 구성하는 600여 가지 이상의 원소들에 의해 이뤄지게 된다.

대개 낮은 온도로 로스팅할 경우에는 적은 쓴맛과 많은 신맛을 가진 밝은 색 커피가 만들어진다. 반면에 높은 온도로 로스팅하면 많은 쓴맛과 적은 신맛, 조금 더 강렬한 맛의 다크한dark colored 커피가 만들어진다.

표4) 로스팅 전·후의 성분 변화

로스팅 전		로스팅 후	
물	12%	물	1%
당분	10%	당분	2%
섬유소	4%	섬유소	25%
카페인	1.1–4.5%	카페인	1.1–4.5%
지방질	12%	열복합글루시드	30%
염기성산	6.8%	지질	14%
질소성분	12%	트리고넬린	0.5%
비질소성분	18%	염기성산	4.5%
재	4.1%	용해성 추출물	24–27%
		재	4.5%

Blending 7 포장과 보존

생산과 공정의 모든 단계에서 엄선되어 섞여지고 볶아낸 커피는 냉각과정으로 들어가게 되는데, 이 냉각과정에는 2가지 방법이 있다. 수냉식liquide colling type과 공냉식air colling type이 그것이다.

수냉식은 차가운 물에 의해 식히는 방법이며, 공냉식은 차가운 공기에 의해 식히는 방법을 말한다. 최근에는 수냉식에 비해 커피의 성분이 덜 빠져 나가는 공냉식을 많이 선호하고 있다.

냉각과정을 거친 커피는 최종적으로 포장packing에 들어간다. 커피가 컵에 담겨 그 효과를 발휘하기까지 본래의 특성들을 간직할 수 있도록 하는 것이 포장의 목적이자 관건이다. 그렇지 못할 경우 아무리 잘 가공된 커피도 순식간에 맛을 잃어버리게 되고 만다. 볶은 커피는 공기 중에 노출되면 원두가 지니고 있는 향이 이산화탄소와 함께 휘발성이 되고, 공기에 포함되어 있는 산소와 습기에 노출되면서 산화되기 마련이다.

그럼에도 불구하고 상업적으로 이용되고 있는 많은 포장 용기들은 단단히 밀봉되지 않아서 공기와 가스가 쉽게 나오고 들어간다. 이 상태로 몇 주가 지나면 질적인 저하를 가져오게 되고, 신선도와 향의 손실로 인해 커피의 품질도 급격히 떨어지고 만다. 고급 브랜드의 커피도 일정 기간이 경과된 후에는 버리게 되는 것이다.

신선도를 오래 지속시키는 방법으로는 밸브포장valve packing, 진공포장 vacuum packing, 질소포장nitrogen packing 등 3가지 기술이 주로 사용되고 있다.

밸브포장

밸브포장은 커피 제조 및 유통과정에서 가장 보편적으로 사용되는 방식이다. 아로마 밸브aroma valve, 후레쉬 밸브fresh valve라고 말하지만, 공기가 한 방향으로만 이동할 수 있다는 의미에서 원웨이 밸브one way valve라고 부르기도 한다.

커피 포장지에 이 밸브를 달아 놓으면 밸브구멍을 통해 내부의 기체는 외부로 나올 수 있는 반면 외부의 공기는 내부로 들어갈 수 없게 된다.

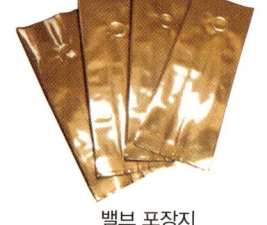

밸브 포장지

진공포장

진공포장(眞空包裝)은 금속제 용기에 분쇄된 커피를 진공으로 포장하여 신선도를 오래 보존하는 방법으로 가장 오랫동안 써온 포장방식이다. 최근에는 금속제 용기 대신 가스가 투과하지 못하는 복합 필름을 많이 사용한다. 진공포장에서는 내부공기를 얼마나 완벽하게 빼내고 차단하느냐 하는 진공도가 가장 중요한 관건이 된다.

질소포장

포장재 속의 공기를 없애고 질소가스nitrogen gas를 채우거나 내부의 공기 자체를 질소로 치환하여 보존기간을 늘린 방법을 질소포장(窒素包裝)이라고 한다.

질소포장을 할 때에는 내부의 산소함량이 1.0% 미만이 되도록 완전하게 치환하는 것이 중요하다. 불활성 기체인 질소가스는 산소의 유입을 근원적으로 차단하기 때문에 원두의 산화를 최대한 억제할 수 있지만 알루미늄 캔을 주로 사용하므로 비용이 많이 든다.

커피의 보존

커피는 식품이다. 식품은 시간이 지나면서 산패된다. 특히 로스팅 과정을 거친 원두커피는 그 직후부터 산화가 시작되고 맛과 향이 차츰 감소되기 마련이다. 따라서 장시간 보관할 때는 다른 식품들처럼 냉동상태로 보존하는 것이 유리하다.

원두커피 본래의 맛과 향을 제대로 즐기기 위해서는 그때 그때 필요한 양만 구입하는 것이 가장 중요하다. 또 일단 개봉해서 사용하기 시작한 원두는 가급적 빨리 소모하는 것이 좋다.

상온보관과 냉장보관 등 커피의 유통과정 및 신선도 유지와 관련한 테크닉에 대해서는 앞으로 더욱 많은 연구가 뒤따라야 할 것이다.

CHAPTER 2
바리스타 테크닉의 전제조건,
그라인딩

바리스타는 서비스맨인 동시에 엔지니어가 되어야 한다. 엔지니어는 '기계쟁이'만을 지칭하는 개념은 아니다. 어떤 재료나 수단을 잘 다루고 응용함으로써 멋진 결과를 연출하는 능력, 때로는 그 결과를 위한 과정을 적절하게 관리하는 것도 엔지니어적인 영역이다.

그것은 아티스트의 전 단계이다. 아티스트는 이런 엔지니어적인 능력에 창의력과 창조력을 겸비한 사람이다. 훌륭한 연주자는 자신의 악기를 잘 다루는 사람인 동시에 내 몸처럼 잘 보살피는 관리자이기도 하다. 이처럼 바리스타는 기계와 익숙해지고 친해져야 한다. 능숙한 바리스타는 그라인더나 커피머신, 블렌더 등 업소용 기계들을 잘 다룰 뿐만 아니라 내 몸의 일부처럼 여기며 관리할 줄 아는 사람이다. 기계의 모터 소리만 들어도 상태를 감지할 수 있어야 한다.

그 중에서도 그라인딩은 좋은 에스프레소를 위한 바리스타 테크닉의 기본요건이자 전제조건이다. 그라인딩의 중요성에 대해서는 그동안 많은 전문가들이 누차 강조해 왔다. 그라인딩에서부터 에스프레소가 시작되고, 그에 따라 맛과 향도 천차만별로 달라지기 때문이다. 아무리 훌륭한 테크닉을 가지고 있는 바리스타도 적절하게 분쇄되지 않은 커피로 좋은 에스프레소를 뽑아내기란 거의 불가능하다.

그라인딩 단계를 완벽하게 마스터하기 위해서는 먼저 에스프레소용 전동 그라인더의 구조와 역할, 작동법에 대한 이해가 필요하다. 또 청소와 점검 등 관리요령에 관한 이해와 숙지도 요구된다. 특히 그라인더 관리법은 에스프레소의 맛과 향을 좌우하는 결정적인 요소가 될 수 있기 때문에 반드시 알아둬야 한다. 커피전문점에서 주로 사용하는 업소용 전자동 그라인더는 제조회사와 브랜드에 따라 구조와 작동법에 약간의 차이가 있다. 그러나 기본적인 특성은 거의 같으므로 기계적인 면을 이해하는 데는 무리가 없을 것이다.

이 장에서는 그라인더의 중요성, 구조와 역할, 청소와 관리법에 대해 집중적으로 살펴본다. 여기에서는 ANFIM 제품을 중심으로 기술했음을 밝혀둔다.

그라인딩의 단계 | 그라인더의 입자조절 요령 | 그라인더의 이해

그라인더를 취급하다 보면 "커피의 추출속도에 문제가 있다"는 연락을 종종 받게 된다. 이때 "그라인더 입자를 조절하라"고 말하면, "그라인더를 만지지 않았고 커피도 동일한 브랜드를 사용하고 있는데도 추출이 달라지는 것은 그라인더에 문제가 있기 때문 아니냐"고 되묻는다. 이런 사례는 원두의 특징과 변화 가능성에 대한 이해 부족에서 비롯된 것이다.

때로는 "기계 만지는 것이 두렵다"고 말하는 바리스타들도 있다. 이런 경우에도 양질의 에스프레소를 얻기가 힘들어질 것이다. 커피 그라인더나 머신은 바리스타에게 있어서는 더 이상 단순한 '기계'가 아니다. 그것들은 한 잔의 완벽한 에스프레소를 위해 봉사하는 '도우미'들인 동시에 나만의 퍼포먼스를 위한 총체적인 시스템이다.

그라인딩은 에스프레소 추출에 있어 매우 중요한 부분이다. 또 그라인더에 대한 이해는 바리스타에게 있어서 매우 중요한 요소이기도 하다. 에스프레소를 추출할 때 그 기본요건이 되는 커피의 입자 크기와 투입량을 결정해 주기 때문이다.

그라인더를 모르고 양질의 에스프레소를 추출하기는 어려울 것이다. 그

그라인더를 어떻게 조절하느냐에 따라 추출시간과 맛이 변한다. 에스프레소 전문가들이 흔히 "그라인더에서 가장 많은 변화가 일어난다"고 주장하는 이유도 여기에 있다. 이 말은 그라인더 자체가 변한다는 얘기는 아니다. 그라인더에 공급되는 원두가 변한다는 말이다.

에스프레소용 원두는 시간, 날씨, 온도에 따라 맛과 향, 산화정도 등 여러 가지 면에서 변화의 폭이 생기기 마련이다. 따라서 그라인더에 공급되는 원두는 수시로 점검하는 것이 좋다. 점검을 하는 시기는 원두의 배전일자가 바뀔 때, 공급된 원두의 박스가 바뀔 때, 공급된 원두의 봉지가 바뀔 때, 그라인더에 공급된 원두의 추출날짜가 바뀔 때, 그라인더에 공급된 원두의 시간이 바뀔 때 등이다.

결과적으로 아침에 1회, 오후에 1회 등 하루 2회 정도 점검하는 것이 바람직하다. 동일 회사의 제품일지라도 원두의 상태가 변할 수 있기 때문에 자주 점검해야 좋은 에스프레소를 얻을 수 있다. 사용하고자 하는 원두의 특징을 잘 알고 입자조절, 투입량, 그라인더 날의 교체, 날의 청소, 도저의 청소 등을 잘 숙지한다면 좋은 에스프레소를 얻을 수 있을 것이다.

Grinding 1 그라인딩의 단계

그라인딩 grinding은 커피원두의 추출 면적을 넓혀주기 위한 작업이다. 커피를 곱게 분쇄할수록 뜨거운 물과 커피가루의 접촉면적은 넓어지기 마련이다. 이때 분쇄된 원두는 미분에서 지름 1mm의 입자에 이르기까지 일정한 크기로 구성되어 있어야 한다. 입자 사이에 균일한 공간이 확보되어야 뜨거운 물이 흐르면서 커피의 맛과 향기 성분을 고르게 녹여낼 수 있기 때문이다.

일반적으로 그라인딩 단계는 굵게 coarse, 중간굵기 medium, 가늘게 fine, 미분 micro 등으로 나눠진다.

이러한 분쇄 정도는 커피의 추출 레벨을 좌우한다. 곱게 분쇄할수록 추출타임이 길어지면서 진한 맛이 빨리 우러나오는 반면, 분쇄입자가 굵어지면 추출타임은 짧아지고 맛 내는 시간은 길어지기 마련이다. 커피의 농도는 분쇄커피의 양에 의해 좌우되기도 한다. 투입량이 많으면 농도는 진해지고, 적으면 묽어진다. 또 원두의 로스팅 정도나 습도, 보관기간에 따라서도 달라질 수 있다.

분쇄 정도는 사용하는 도구에 맞게 조절해야 한다. 예를 들어 중간분쇄는 주로 핸드드립이나, 커피메이커, 싸이폰 등 자연적인 물 흐름에 의한 추출방법에 적합하다. 반면 기계의 압력을 이용해 순간적으로 추출하는 에스

프레소 방식에서는 미세한 분쇄방식을 주로 사용한다. 결국 더욱 맛있는 커피를 위해서는 사용하는 기구와 입맛에 따라 분쇄 레벨을 잡아나가는 지혜가 필요하다.

만일 아주 가늘게 분쇄한 커피가루를 페이퍼 드립에 사용한다면 어떻게 될까? 필터의 작은 구멍이 막혀서 추출시간이 길어지고 추출된 커피도 너무 진해지기 때문에 좋은 커피맛을 낼 수 없다. 반면, 핸드드립용으로 굵게 분쇄한 원두를 에스프레소 머신으로 추출한다면 커피가 너무 묽어지면서 그 자체의 맛과 향이 반감될 것이다.

커피 맛은 분쇄한 원두의 굵기와 추출타임, 물의 온도, 압력 등에 따라 크게 달라지기 마련이다. 원두를 잘게 부술수록 물과 닿는 면적이 넓어지면서 커피원두 본래의 좋은 쓴맛이 더욱 많이 추출된다. 반면 원두를 굵게 갈고 물을 빨리 통과시켜 추출하면 가볍고 산뜻한 신맛이 강조된다.

Grinding 2 — 그라인더의 입자조절 요령

그라인더 입자는 곧 에스프레소의 품질과 직결된다. 분쇄입자가 거칠면 맛이 싱거워지면서 크레마의 농도도 옅어진다. 반대로 지나치게 고우면 추출이 잘 되지 않아 난감해질 수 있다. 원두의 특성이나 상태에 따라서도 가장 적절한 그라인딩 레벨은 달라지기 마련이다.

체크포인트3) 메쉬(mesh)란?

분체의 입도측정에 쓰이는 채(sieve)의 구멍을 의미하며, 대개 1평방인치(25.4mm²)당 구멍의 수로 표시한다. 예를 들어 300메쉬라고 하면 25.4mm² 내에 뚫려 있는 300개의 구멍을 통과한 굵기를 말한다. 분체의 입도측정에 쓰이는 채(sieve)의 mesh#와 입경의 관계는 다음과 같다.

sieve size (mesh no)	standard (mm)	non standard (mm)	sieve size (mesh no)	standard (mm)	non standard (mm)	sieve size (mesh no)	standard (mm)	non standard (mm)
4	5.000		45	0.400	0.400	180	0.090	0.088
5	4.000		50	0.355	0.355	190	0.080	0.080
6	3.200		55	0.315	0.315	200	0.074	0.076
8	2.500		60	0.280	0.300	220	0.065	0.070
10	2.000		65	0.250	0.250	240	0.063	0.065
12	1.600		70	0.224	0.220	250	0.061	0.063
14	1.430		75	0.200		260		0.057
16	1.250		80	0.180	0.200	280	0.055	0.055
18	1.000		85		0.180	300	0.050	0.054
20	0.900	0.900	90	0.160	0.170	320	0.045	0.048
24	0.800	0.800	100	0.154	0.150	325	0.043	
26	0.710	0.710	110	0.140	0.135	340	0.041	
28	0.630	0.630	120	0.125	0.125	360	0.040	
30	0.600	0.600	130	0.112	0.111	400	0.039	
32	0.560	0.560	140	0.105	0.105	500	0.031	
35	0.500	0.500	150	0.100	0.100			
40	0.450	0.450	170		0.091			

표5) 굵기에 따른 분쇄입자의 특성

입자 크기	굵게	중간 굵기	가늘게	미분
메쉬 사이즈(#)	10~14 (2~1.43mm^2)	16~22 (1.25~0.9mm^2)	24~30 (0.8~0.6mm^2)	30 이하 (0.56mm^2 이하)
추출 방식	피콜레이터	드립, 커피메이커	드립, 사이폰, 에스프레소	에스프레소, 터키
맛의 특성	밋밋한 맛	레귤러한 맛	섬세한 맛	강한 맛
강조되는 맛	신맛	신맛 > 쓴맛	쓴맛 > 신맛	쓴맛
주된 용도	대량 추출	1~10인분	2인 내외	컵테스트 등

따라서 바리스타는 원두가 바뀌거나 새로 개봉할 때, 그리고 환경이 변하여 새로운 맛을 추구하고자 할 때마다 그라인딩 입자를 적절히 조절함으로써 최상의 에스프레소를 추구할 수 있어야 한다.

그라인더는 한 번 세팅해서 데이터를 정하고 고정시켜 놓으면 변화가 거의 없는 기계다. 그러나 커피가 계속적으로 변화하기 때문에 바리스타의 적절한 이해와 대응이 요구된다.

그라인더 자체는 커피의 변화를 따라갈 수 없다. 그것은 바리스타의 몫이다. 따라서 바리스타는 그라인딩 과정에 대한 충분한 이해와 그라인더의 작동법과 관리요령에 대한 반복적인 트레이닝을 통해 최상의 에스프레소를 구현하고자 노력해야 한다.

그라인딩은 커피맛의 출발이자 갈림길이다. 어떤 의미에서 그것은 바리스타에게 주어지는 첫 시험대이자 기회이기도 하다. 따라서 주어진 여건에 따라 습관적이고 기계적으로 임하기보다 원두의 특성과 환경에 따라 유연하게 대처할 수 있는 그라인딩 테크닉을 갖추어야 할 것이다.

그라인더의 입자를 조절하는 순서와 요령은 다음과 같다.

60 All about Espresso

체크포인트4)
그라인더 입자조절 순서와 요령

1. 호퍼의 원두투입구 오픈
투입구를 열지 않고 그라인더를 작동하면 공회전으로 인해 그라인더가 마모될 수 있다. 그러므로 먼저 항상 투입구를 확인하고 열어준 상태에서 작동해야 한다.

2. 입자조절
적당한 간격으로 돌려준다. 시계방향으로 돌리면 입자가 가늘어지고 시계 반대방향으로 돌리면 입자가 굵어진다.

3. 스위치 작동
입자 조절 손잡이를 돌린 다음 스위치를 작동하여 원두를 분쇄한다.

4. 원두분쇄
티스푼에 받을 정도만 분쇄하고 스위치를 바로 OFF한 다음 입자를 확인한다.

5. 분쇄입자 확인
반복적인 트레이닝으로 분쇄입자를 알고 있어야 적은 량으로도 빠르게 입자조절을 할 수 있다.

6. 반복조절
분쇄 입자가 틀릴 경우 ②~④의 과정을 반복해서 입자를 조절한다. 이때 모든 그라인더는 2잔 분량이 미리 투입되어 있기 때문에 2잔 분량을 갈아낸 다음 분쇄입자를 확인해야 정확하게 확인할 수 있다.

7. 계량하기
어느 정도 입자조절이 끝나면 원하는 투입량을 전자저울로 계량한다. 로부스타가 블렌딩된 것은 14g 정도, 아라비카 원두는 15g 정도를 사용해서 추출한다.

8. 포터필터에 담기 및 탬핑
계량한 커피를 포터필터에 담고 탬핑한다. 탬핑 시에는 반드시 포터필터를 깨끗한 곳에 올려 놓도록 한다.

9. 추출
탬핑한 커피를 그룹에 장착해서 추출해 본다.

10. 반복추출
만일 위의 추출이 원활하지 않으면 ⑦~⑨까지의 과정을 다시 반복해서 연습한다.

Grinding 3 그라인더의 이해

그라인더 grinder의 사전적 의미는 '분쇄기(粉碎機)'라고 되어 있다. 숫돌이나 맷돌의 위짝, 어금니를 지칭하기도 하며, 연장 등을 가는 사람, 무엇인가를 빻거나 찧는 사람이나 도구를 의미하기도 한다. 과거에는 손으로 돌리는 수동식 풍금 연주자를 그라인더라고 부르기도 했다.

그라인더는 여러 가지 종류가 있다. 절구통 등 고전적이고 전통적인 도구에서부터, 맷돌식, 수동식 핸드밀 hand mill, 전동식 등이 그것이다.

아직도 터키나 아프리카 등 노점에서는 절구를 이용해 커피를 빻는 경우가 있으며, 중동지방에서는 맷돌 형태의 그라인더를 이용하기도 한다. 또 흔히 핸드밀이라 부르는 수동식 그라인더는 가정에서 핸드드립 커피를 마실 때 즐겨 사용되고 있다. 핸드밀은 1~2인용에서부터 9~10인용까지 다양한 크기와 모양으로 디자인되어 장식용으로도 손색이 없는 제품들이 많이 개발되어 있다.

이러한 수동식 그라인더는 가격이 저렴하여 가정에서 사용하기에 적합한 반면, 분쇄정도가 균일하지 않고 속도도 느리기 때문에 스피드를 생명으로 하는 커피전문점에는 맞지 않다. 오늘날 대부분 커피전문점에서는 에스프레소에 적합한 균일한 굵기의 마이크로 분쇄를 순식간에 해결해주는 전동식 자동그라인더를 사용한다.

각 부분의 작동과 관리법

그라인더의 종류는 수십 가지가 있으나 기능과 구조는 대개 비슷하다. 업소용 전동 그라인더에서 가장 중요한 4대 구성요소는 그라인더 모터 grinder motor, 호퍼 hopper, 그라인더 날 blade, 도저 dose 등이다.

체크포인트5) 업소용 그라인더 각 부의 명칭과 역할

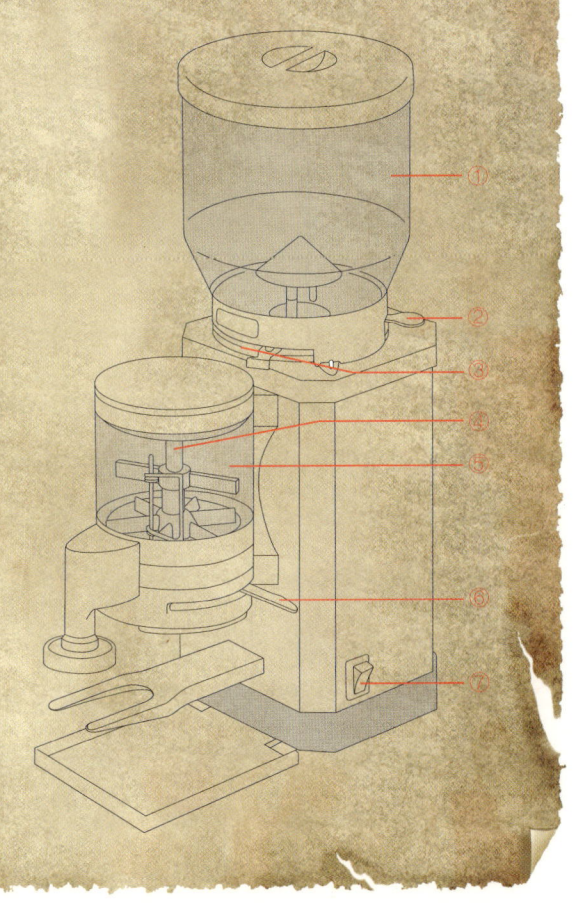

1. 호퍼
   원두를 담는 통. 대개 2Kg 내외의 용량.

2. 원두 투입레버
   안으로 밀면 CLOSE, 밖으로 당기면 OPEN.

3. 분쇄입자 조절레버
   숫자가 커지면 입자가 굵어지고 빨리 추출되며, 숫자가 작아지면 입자가 가늘어지고 천천히 추출됨.

4. 원두 투입량 조절레버
   시계방향으로 돌리면 양이 줄어들고 시계 반대방향으로 돌리면 양이 늘어남.

5. 도저
   분쇄된 원두를 보관하는 통. 제품에 따라 계량을 위한 칸막이가 설치되어 있기도 함.

6. 분쇄커피 배출레버
   앞으로 당기면 분쇄된 커피가 배출됨.

7. ON/OFF스위치
   스위치를 1로 놓으면 ON, 0으로 위치시키면 OFF(1/0 대신 ON/OFF로도 표시함).

1. 그라인더 모터

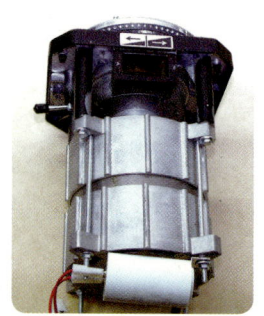

그라인더 모터

모터는 모터부분과 콘덴서로 구성되어 있으며, 커피를 분쇄할 때 아래쪽 그라인더 날을 회전시키는 역할을 한다.

모터의 용량은 그라인더 날의 크기에 따라 차이가 난다. 일반적으로 지름 64mm 날을 사용할 경우에는 0.4마력HP 용량의 모터를 사용하고, 75mm 날을 사용할 경우에는 0.6마력 정도의 모터를 사용한다. 1HP는 약 746W의 전력을 소비한다. 이때 회전수는 대개 800~1200rpm 정도가 보통이다. rpm은 1분 동안에 모터가 회전하는 회전수를 의미한다.

그라인더 모터는 그라인더 날이 회전하며 원두를 분쇄하는 동력원 역할을 하므로 주파수Hz에 따라 회전수가 바뀐다. 세계적으로 주로 사용하는 주파수는 60Hz와 50Hz이다.

50Hz의 그라인더를 60Hz에 사용하면 회전수가 빨라진다. 그러나 모터의 회전수가 빨라지면 커피가 더 빨리 분쇄되는 반면 그라인더 날의 열 또한 높아질 수 있다.

우리나라에서는 주로 60Hz를 사용하고 있다. 만일 50Hz 그라인더를 사용하고 있다면 그라인더를 사용한 후 약간의 휴식시간을 주는 것이 좋다.

콘덴서는 커피 그라인더의 스위치를 작동하는 순간 빠른 방전에 의해 모터를 구동시키는 일을 한다. 이 콘덴서는 처음 사용할 때에만 작동하고 나머지 시간은 충전상태로 대기하게 된다.

콘덴서가 충전과 방전을 제대로 수행하지 못하면 그라인더 모터는 작동하지 않는다. 모터부분은 고장이 자주 발생하는 곳은 아니지만, 간혹 문제가 생겼을 경우에는 함부로 만지지 말고 기술자와 상의하는 것이 안전하다. 고장률이 흔하지 않은 반면, 일단 문제가 생기면 그라인더 자체가 아예 작동되지 않는 경우도 많다.

그라인더 모터에서 일어나는 고장은 콘덴서가 불량인 경우와 모터 자체가 불량인 경우가 있는데, 콘덴서가 불량일 경우는 커피는 갈리지 않고 "웅-" 하는 소리만 들려온다.

모터가 불량일 경우에는 작동이 되지 않는다. 커피도 갈리지 않고 아무 소리도 들리지 않는다. 바리스타는 항상 모터의 정상적인 소리를 기억하고 있어야 하며, 소리가 이상하면 빨리 점검받는 것이 좋다.

2. 호퍼

원두를 담는 원두통과 뚜껑, 원두 투입레버로 이루어져 있다. 커피전문점에서 주로 사용하는 전동식 그라인더의 호퍼는 일반적으로 2Kg 용량을 많이 사용한다.

호퍼

뚜껑은 그라인더를 작동할 때 항상 호퍼에 결합되어 있어야 한다. 습기와 공기의 접촉을 최대한 차단해야 원두의 신선함이 좀 더 오래 유지될 수 있기 때문이다.

호퍼는 로스팅된 원두를 직접 보관하는 곳이므로 원두커피 표면의 오일이 많이 묻는다. 그러므로 청소가 무엇보다 중요하다. 만일 1주일 이상 그대로 사용하면 호퍼에 오일이 많이 묻어나게 된다. 이럴 경우에는 시각적으로도 보기가 좋지 않을 뿐만 아니라 커피맛에도 좋지 않은 영향을 준다.

호퍼 청소는 매일 해주는 것이 좋다. 매일 청소하기가 어렵다면 최소한 1주일에 한 번씩은 세제로 청소를 해야 오일이 산화되어 나는 퀘퀘한 냄새가 커피에 묻어 나오는 것을 방지할 수 있다. 아무리 신선하고 향이 좋은 커피를 사용하더라도 호퍼의 상태가 청결하지 않으면 퍼펙트한 에스프레소를 기대하기 어렵다. 특히 하루에 많은 양의 원두커피를 사용하는 커피 전문점의 경우에는 저녁 무렵이면 호퍼의 벽면과 바닥에 커피기름이 잔뜩 묻게 되는데, 이 기름기는 지용성이어서 티슈나 행주로 잘 닦여지지 않고 물로도 말끔하게 씻어지지 않는다.

따라서 호퍼의 청소는 세제를 이용해서 닦아내는 것이 가장 좋다. 이때 사용하는 세제는 기름때를 제거할 때 사용하는 전용 세제를 사용하는 것이 바람직하다.

호퍼와 함께 뚜껑도 세제로 청소 해주는 것이 좋다. 냄새는 휘발성이므로 뚜껑에 묻어 있는 산화된 오일냄새가 커피에 영향을 줄 수 있기 때문이다.

세제를 이용해서 물로 호퍼와 뚜껑을 청소할 때는 건조가 특히 중요하다. 커피는 수분 흡수력이 강하기 때문에 물기가 남아 있을 경우에는 커피에 흡수되어 커피 맛에 악영향을 주게 된다. 또 건조가 덜된 상태에서 그라인더 본체에 결합하면 습기 때문에 기계의 성능에도 좋지 않은 영향을 줄 수 있다.

건조를 위해서는 마른 행주로 잘 닦은 다음 바에 널어놓는 것이 좋다. 이를 위해서는 매일 저녁 업무마감 시에 청소를 해주는 것을 권장한다.

3. 그라인더 날

그라인더 날

그라인더 날은 에스프레소를 추출하기 위해 원두를 갈아주는 톱니바퀴 모양의 원형 칼날을 지칭한다. 위쪽 날과 아래쪽 날로 구성되어 있으며, 위쪽 날은 간격을 유지해서 입자 크기를 결정해 준다. 반면, 아래쪽 날은 회전을 하면서 위쪽 날과 아래쪽 날의 간격에 따라 커피를 분쇄해 주는 역할을 담당한다. 분쇄도를 결정하는 것은 아래쪽 날로, 그라인더의 핵심이자 가장 중요한 요소라고 할 수 있다.

그라인더 날은 주로 날의 전체 지름으로 구분한다. 일반적으로 커피전문점에서 사용하는 영업용 그라인더는 지름 64mm와 75mm짜리를 주로 사용한다. 커피 사용량이 적은 곳은 64mm, 많은 곳은 75mm가 적당하다고 하겠다. 물론 가정용으로 개발된 것은 이보다 더 작은 칼날을 적용하고 있다.

그라인더 날에는 원통형과 원뿔형 등 2가지가 있다. 원통형은 주로 전동식 그라인더에서 많이 채택하고 있는 칼날로, 분당 1400~1600회 회전한다. 회전수가 높고 평면형이어서 고른 분쇄가 가능하다는 장점을 가지고 있는 반면, 마찰열이 발생할 가능성이 높은 형태이다.

원뿔형은 주로 소형 그라인더나 수동식에 쓰인다. 톱니바퀴처럼 맞물려 돌면서 커피를 분쇄할 수 있도록 고안된 것으로, 분당 400~600회 정도 회전하므로 마찰열이 적은 반면 분쇄된 커피입자가 원통형에 비해 고르지 못하다.

그라인더 날의 생명은 얼마나 균일한 분쇄가 가능한가에 따라 좌우된다. 분쇄된 커피의 입자가 균일해야 양질의 에스프레소를 얻을 수 있기 때문이다. 균일한 입자를 얻기 위해서는 그라인더 날의 마모정도를 수시로 점검해야 한다.

일반적으로 많이 사용하는 64mm 날의 경우 그라인더 날은 보통 원두커피를 300~400Kg 정도 사용한 시점에 교환해주는 것이 좋다고 알려져 있다. 그러나 그라인더 날은 겉으로 드러나 있지 않아 육안에 의한 확인이 어렵다. 이 때문에 날이 마모된 상태에서 그대로 사용하는 경우가 많은데, 이는 결국 에스프레소의 맛을 저하시키는 결정적인 요인이 되기도 한다. 마모된 그라인더 날은 고른 분쇄를 어렵게 할 뿐만 아니라 마찰열의 증가로 향기성분을 감소시키는 결과를 초래하기 십상이다.

그라인더 날이 마모되었다고 해서 커피가 분쇄되지 않는 것은 아니다. 다만 분쇄입자의 균일도가 떨어지면서 추출에 영향을 주거나 커피 맛의 저하를 초래할 수 있다는 것이다. 이 때문에 그라인더 날의 마모정도는 분쇄입자의 크기나 추출상태, 커피 맛의 변화 등을 통해서도 가늠할 수 있지만 경험이 많지 않은 바리스타들에게는 쉬운 일이 아니다.

그라인더 날의 마모정도를 쉽게 점검하는 방법으로는 날을 분리한 후 손톱으로 밀어보는 것도 하나의 대안이 될 수 있다. 이 때 손톱에 자국이 생기면 날이 서 있는 상태이고, 자국이 생기지 않으면 마모가 된 상태이다. 만일 그라인더 날이 마모되었다면 즉시 교환해 주어야 한다. 교환할 때는 아래쪽 날과 위쪽 날을 한꺼번에 교환해야 한다. 서로 맞물려 빠르게 돌아가는 그라인더는 날의 각도가 정확하게 맞아떨어져야 하기 때문이다.

그라인더 날은 고속회전을 하면서 원두커피를 분쇄하는 부품이기 때문에 사용시간에 따라 불가피하게 열이 발생한다. 이때 발생하는 열은 회전수나 시간당 분쇄되는 양이 다르므로 그라인더 날의 형태나 크기에 따라 달라진다. 따라서 그라인더 날의 크기를 상황에 맞게 잘 결정할 필요가 있다.

기계에 따라 다소 차이는 있지만, 같은 양을 분쇄할 경우에는 대개 날이 클수록 분쇄면적이 넓어지면서 열은 적게 발생한다. 만일 크기와 형태, 1일 원두커피 사용량 등 조건이 맞지 않아 그라인더 날이 열을 받게 되면 분쇄되는 커피에도 열이 전달된다. 그러면 커피를 추출할 때에도 더 높은 온도에서 추출이 이루어지게 되기 때문에 에스프레소 맛도 반감될 수 있다. 만일 1일 평균 2Kg 이상의 원두커피를 소모한다면 75mm짜리 그라인더 모터가 장착된 제품을 고르는 것이 좋다.

그라인더 날의 온도를 식히기 위해서는 사용시간의 2배를 쉬게 해주어야 한다. 1분을 분쇄했다면 2분을 식혀야 한다는 것이다. 열을 받는 시간보다 식는 시간이 길기 때문이다.

고속으로 회전하는 그라인더 날은 그라인더 구성품 중에서도 가장 사용량이 많은 부분인 동시에 원두커피와 직접 닿는 부분이기도 하다. 또 깊고 날카로운 홈이 파여 있어서 커피 찌꺼기와 기름기가 축적될 가능성도 높다. 따라서 그라인더 날은 수시로 청소를 해주어야 한다.

만일 청소를 게을리하면 칼날 주위에 낀 커피 찌꺼기와 기름때가 산화되면서 좋지 않은 냄새가 발생하게 되고, 분쇄할 때 커피와 바로 섞이면서 에스프레소 맛을 저하시킬 수 있다.

그라인더 날의 청소는 매일 해주는 것이 가장 좋다. 매일 청소하기가 어렵다면 최소한 1주일에 한 번씩은 분해해서 청소를 해주어야 한다.

청소를 할 때는 부드러운 솔로 커피 찌꺼기를 털어주도록 한다. 이때 물로 청소하는 것은 금물이다. 날의 재질이 강도가 높은 금속이어서 녹이 발생할 가능성도 그만큼 높기 때문이다. 만일 기름기를 닦아내기 위해 세제나 물로 청소를 했다면 즉시 물기를 제거하고 잘 말려두어야 한다.

4. 도저

도저는 에스프레소를 추출하기 위해 분쇄된 원두를 보관하고 계량하여 필터홀더에 담아주는 역할을 하는 부분이다. 도저는 6개의 칸으로 나누어져 있다. 일반적으로 1칸은 3.5g~8g까지 조절이 가능하다. 스프링에 의해 간격을 유지하고 계량판을 통해 일정한 양을 유지하며, 원두투입 조절레버를 이용해 투입량을 조절하게 된다. 원두투입 조절레버는 시계방향으로 돌리면 양이 줄어들고 시계 반대방향으로 돌리면 양이 늘어난다.

도저

  도저는 레버를 앞으로 잡아당기면 시계방향으로 돌아가면서 분쇄된 커피가루가 밑으로 떨어지게 된다. 이때 주의할 점은 너무 천천히 레버를 당기면 작업을 할 때마다 양이 변한다는 것이다. 레버를 당길 때 스피드를 가해 당겨야 떨어지는 양의 변화가 적어진다. 빠르게 앞으로 당긴 후 놓아주면 리턴 스프링에 의해 자동으로 복귀하게 된다.

  도저는 분쇄된 커피가루를 보관하는 부분이다. 따라서 미세한 커피입자와 오일이 뒤섞여 도저 내벽에 붙게 된다. 이렇게 찌꺼기가 도저 내부에 끼게 되면 커피가루가 산패되어 좋지 않은 냄새가 발생할 뿐만 아니라 계량되는 분쇄커피의 양도 점점 줄어들게 된다. 그러므로 질 좋은 에스프레소를 얻기 위해서는 도저도 수시로 청소를 해주어야 한다.

  도저 청소는 그라인더 날 청소가 끝난 후에 해주는 것이 이상적이다.

체크포인트6) 호퍼 청소방법

① 호퍼의 분리 ② 세제를 이용한 청소 ③ 물로 씻기 ④ 건조

체크포인트7) 도저 뚜껑 청소방법

①뚜껑의 분리 ② 세제를 이용한 청소 ③ 물로 씻기 ④ 건조

체크포인트8) 도저 청소방법

솔을 이용해서 청소하는 방법 : 분리하지 않고 청소를 할 경우에는 솔로 구석구석을 잘 털어주고 행주를 이용해서 케이스도 깨끗이 닦아준다. 좀 더 깨끗한 청소를 원한다면 분리해서 청소한다.

분리해서 청소하는 방법 : 도저의 케이스 및 뚜껑에 찌꺼기가 많이 묻어 있으면 커피의 맛과 향에도 영향을 주지만 시각적으로도 불결함을 그대로 보여주게 된다. 때문에 세제를 이용해서 물로 깨끗이 씻은 다음 잘 건조시켜 조립함으로써 항상 청결을 유지하도록 한다.

체크포인트9) 그라인더 날의 청소요령

① 호퍼 닫기

호퍼를 분리할 때 원두가 밑으로 떨어지지 않도록 막아주는 역할을 한다.

② 커피 분쇄

호퍼와 그라인더 날 사이에 있는 원두를 갈아내는 동작이다. 이렇게 갈아내지 않고 분리해서 청소하면 사용가능한 원두를 모두 버리게 되므로 호퍼에 남아있는 원두를 다 갈아주어야 커피의 낭비가 적다. 스위치를 작동시키면 "윙~" 하면서 원두가 갈리는 소리가 난다. 호퍼와 그라인더 날 사이에 있는 원두가 다 분쇄되어 공회전하는 소리가 들리면 작동을 멈춘다.

③ 분쇄된 커피 빼내기

분쇄된 커피는 사용가능한 커피이므로 청소전에 모두 빼내 다른 밀폐용기에 담아 둔다.

④ 깨끗해진 도저

분쇄된 커피를 모두 빼낸 다음 깨끗한 상태에서 청소를 시작한다.

⑤ 호퍼의 분리

호퍼를 그라인더 본체에서 분리한다.

⑥ 입자조절 캡 분리

그라인더 날이 결합되어 있는 입자조절 캡을 분리한다. 일반적으로 입자조절 캡은 입자조절 캡 고정핀을 누르면서 시계반대 방향, 즉 오른쪽으로 돌리면 분리된다. 분리된 그라인더 날 주위에는 커피 찌꺼기가 많이 끼어 있다. 이 찌꺼기는 시간이 지남에 따라 빠르게 산패되면서 불쾌한 냄새를 풍기게 되고, 그것은 곧 커피 고유의 향을 떨어뜨리는 결정적인 요인이 된다.

⑦ 커피 찌꺼기 제거

원두에는 오일성분이 함유되어 있기 때문에 커피와 직접 닿는 그라인더 날 주위에는 항상 오일과 같이 뭉친 커피 찌꺼기가 남아 있기 마련이다. 이 찌꺼기는 조금씩 계속 쌓이게 된다. 그러므로 매일 청소하는 것이 좋으나 여의치 않을 때는 최소한 1주일에 한 번씩은 분해청소를 해주어야 한다.

⑧ 솔을 이용한 청소

그라인더 날은 부드러운 솔이나 이와 비슷한 재질의 청소도구로 청소해야 한다. 날에 흠집이 생기면 분쇄의 효율이 크게 떨어지고 심각한 고장의 원인이 될 수 있다.

⑨ 청소기로 청소

청소기가 있다면 솔이나 기구로 청소하는 것보다 더 깨끗한 청소가 가능하다. 이때에도 날에 흠집이 생기지 않도록 주의해야 한다.

⑩ 배출구 청소

분쇄된 커피가 나오는 배출구도 커피 찌꺼기가 잘 쌓이기 때문에 꼼꼼하게 청소를 해주어야 한다.

체크포인트10) 윗날 청소법

① 솔로 청소

날 주위에 쌓여 있는 찌꺼기를 솔로 털어 준다.

② 나사에 낀 찌꺼기 제거

나사의 마모를 방지하기 위해 먼저 나사에 끼어있는 찌꺼기를 제거한다.

③ 나사의 분리

공구를 이용해서 나사를 분리한다. 시계 반대 방향 즉, 왼쪽으로 돌리면 나사가 풀린다.

④ 날 밑에 쌓인 찌꺼기 제거

여기에 쌓인 커피가루 또한 시간이 지나면서 산패가 일어나서 좋지 않은 냄새를 풍기게 되므로 1주일에 한 번은 청소를 해주는 것이 좋다.

⑤ 나사산 청소

나사산(screw thread)은 나사(볼트)의 돌출부를 말한다. 여기에 커피 찌꺼기가 끼어 있으면 조립이 원활하지 않으므로 조립하기 전에 솔을 이용하여 찌꺼기를 깨끗하게 제거해 준다.

⑥ 조립

청소가 모두 끝나면 역순으로 조립하면 된다.

윗날과 아랫날 청소법은 그라인더 날까지 분리해서 청소하는 방법이다. 그라인더 날 자체를 청소할 때는 앞 장의 그라인더 날 청소 과정이 끝난 다음 분리해서 작업해야 용이하다. 그라인더 날은 날카로워 손을 다칠 염려가 있으므로 주의해서 다루어야 한다.

체크포인트11) 아랫날 청소법

① 찌꺼기 제거
  고정나사를 분리할 때는 커피 찌꺼기를 완전히 제거해야 나사가 파손되지 않는다.

② 나사 풀기
  일반적으로 3개의 나사로 고정되어 있으며, 시계 반대방향 즉, 왼쪽으로 돌리면 풀린다.

③ 날 밑의 찌꺼기 제거
  그라인더 날 아래에는 많은 커피 찌꺼기가 쌓여있다. 이 찌꺼기가 산패되면 좋지 않은 냄새가 나므로 1주일에 한 번 정도 분리해서 청소하는 것이 바람직하다.

④ 나사 끼우기
  나사를 분리하고 청소하면 구멍에 커피 찌꺼기가 들어가 나사가 결합되지 않을 수 있다. 날을 분리하고 나사를 다시 끼운 다음 청소하는 것이 안전하다.

⑤ 청소솔로 청소
  깨끗한 청소솔로 그라인더 날 밑에 남아 있는 찌꺼기를 말끔히 제거한다.

⑥ 공구를 이용
  청소솔이나 청소기로 깨끗하게 청소되지 않을 경우 공구를 이용해서 찌꺼기를 제거한다.

⑦ 나사에 낀 찌꺼기 제거
  솔로 깨끗이 청소해 준다.

⑧ 나사산 청소
  나사산에 커피 찌꺼기가 남아 있으면 조립이 어려워질 수 있다. 마지막으로 청소해야 한다.

⑨ 조립
  청소가 다 끝나면 그라인더 날을 분해와 역순으로 조립한다.

CHAPTER 3

에스프레소 커피의 '꽃'
커피머신

커피머신(Coffee Machine)은 '에스프레소 커피의 꽃'이다. 그것은 생산과 정제, 로스팅, 블렌딩 등 일련의 복잡하고 까다롭고 번거로운 과정을 거친 커피가 최종적으로 한 잔의 에스프레소 커피로 재탄생하는 과정의 정점에 위치한다. 그것은 지금까지 인간이 개발한 다양한 커피 추출도구들 중에서도 가장 과학적이고 합리적이며 경제적인 대안으로 평가받고 있다.

바리스타는 기본적으로 에스프레소 커피의 특성을 알아야 하고, 그 추출 수단인 에스프레소 커피머신의 구조와 작동원리, 관리요령을 숙지하고 있어야 한다. 특히 상업적인 이윤을 목적으로 하는 커피전문점과 카페, 레스토랑에 있어서 에스프레소 머신의 비중은 더욱 커질 수밖에 없다. 커피머신의 효율적인 이용과 관리가 곧 사업의 성패와도 직결될 수 있기 때문에 올바른 사용과 관리가 더욱 중요해지는 것이다.

하지만 국가나 제조사별로 커피머신의 구조가 조금씩 다르다는 문제가 따른다. 하루가 다르게 새로운 기술이 적용된 첨단 제품들이 속속 출시되고 있다는 점도 감안해야 한다. 그러나 기본적인 작동원리와 관리법은 크게 다르지 않기 때문에 기본에 대한 이해를 전제로 임한다면 어떤 종류의 커피머신 앞에서도 당당하게 대처할 수 있을 것이다.

이 장에서는 여러 가지 추출법 중에서도 특히 상업적으로 사용되는 에스프레소 커피머신의 종류와 발달과정, 기본적인 구조와 원리, 작동법과 관리요령에 대해 알아본다. 단, 가정용으로 사용되는 소형 커피머신과 업소용 전자동 커피머신의 경우에는 바리스타의 역할이 크지 않기 때문에 논외로 하고, 여기에서는 반자동 커피머신에 대한 이해에 초점을 맞추었음을 밝혀둔다.

커피머신과 바리스타 | 다양한 추출방식들 | 커피머신의 구분
커피머신의 탄생과 발전 | 커피머신의 설치 | 커피머신의 구조와 역할
각 부분의 명칭과 역할 | 커피머신의 내부 구조와 관리법

커피머신과 바리스타

커피머신은 바리스타에게 있어서 고마운 존재다. 바리스타가 원하는 에스프레소를 손쉽게 얻을 수 있도록 해주는 조력자이자 파트너이기도 하다.

하지만 커피머신의 특성과 용량, 사용방법 등 기본적인 사항을 모르고서는 양질의 에스프레소를 얻기가 어려울 것이다. 커피머신은 항상 그 자리에 같은 모습으로 존재하지만 커피의 종류나 품질, 주위의 온도, 습도 등은 시시각각으로 달라질 수 있다. 이런 변화에 대해 기계는 스스로 대응하지 못하고 항상 같은 자리에서 주어진 방법을 되풀이할 뿐이다.

그러므로 바리스타는 이런 변화를 감지하고 파악해서 기계를 적절히 조작해 줄 수 있어야 한다. 이를 위해서는 커피머신에 대한 기본적인 이해는 물론, 사용방법과 관리요령에 대한 깊은 이해와 숙련도가 요구된다.

과학기술의 발전과 함께 커피머신은 놀라운 발전을 거듭해 왔다. 최근에는 현대적인 기계공학과 디지털 기술을 적용한 첨단 제품들이 속속 개발되고 있다. 유럽과 일본 등 커피선진국을 중심으로 하루가 다르게 새로운 성능과 디자인의 신제품들이 경쟁적으로 출시되고 있는 상황이다. 최근에는 한국, 대만, 중국 등도 나름의 기술력을 바탕으로 커피머신 개발에 뛰어들고 있다.

이러한 커피머신들은 성능이나 기능 면에서 현격한 차이를 보이고 있다.

첨단 디지털 기술로 중무장한 최고급 전자동 커피머신이 있는가 하면, 용량이나 추출 능력 면에서 아직 초보적인 수준을 벗어나지 못하고 있는 제품들도 있다.

그러나 '최고의 커피머신', 혹은 '최악의 커피머신'이란 말이 항상 맞아떨어지는 것은 아니다. 아무리 좋은 품질의 기계도 다루는 사람이 제대로 다루지 못한다면 평가절하되거나 무용지물이 될 수밖에 없다. 반면에 다소 성능이 떨어지는 기계라 할지라도 바리스타의 능력이 뛰어나 맛있는 에스프레소가 추출된다면 좋은 기계라고 평가받을 수 있을 것이다.

좋은 커피머신으로 맛있는 에스프레소를 추출하는 것은 어려운 일이 아니다. 하지만 성능이 떨어지는 기계, 복잡하고 까다로운 기계를 가지고 좋은 에스프레소를 얻기란 쉬운 일이 아니다. 그러므로 까다로운 기계로 좋은 에스프레소를 추출할 수 있다면 그 바리스타는 '프로'라고 인정받을 수 있다. 결국 커피기계의 종류와 그 특징, 커피기계의 구조, 관리방법을 숙지하고 있다면 어떤 기계로도 양질의 에스프레소를 얻을 수 있을 것이다.

Coffee Machine 2 다양한 추출방식들

커피 추출방식은 그동안 놀라운 발전을 거듭해 왔다. 사람의 손에 의존하던 터키식 침출법에서부터 핸드드립, 기계드립, 모카포트, 프렌치 프레스, 싸이폰 등 개별적인 추출기구들이 개발되었고, 레버식, 피스톤식, 스프링식 등의 에스프레소 커피머신에 이어 오늘날에는 디지털 기술을 접목한 전자동 커피머신이 편리성을 무기로 업소와 가정을 파고들고 있다. 이렇게 끊임없이 이어져 온 추출방식의 진화는 곧 커피산업 발전의 견인차이자 동력원이기도 하다.

많이 알려져 있는 내용이긴 하지만, 커피 추출기구의 종류와 원리, 추출방법에 대해 간단하게 짚어보면 다음과 같다.

터키식 커피 Turkish coffee

수작업으로 분쇄한 원두커피를 끓여 가라앉힌 다음 마시는 고전적이고 전통적인 추출법이다.

세계에서 가장 오래된 커피추출법으로 알려진 '터키식 커피 Turkish Coffee'의 핵심은 원두를 밀가루처럼 아주 곱게 갈아 더욱 진한 맛을 낸다는 점이다. 터키식 커피를 마실 때 느끼는 쾌감은 거품에 의해 더해진다. 거품을 통해서 커피 본연의 향이 더욱 그윽해지기 때문이다. 미지근해졌을 때 더욱 부드러우며 진한 향을 음미할 수 있다는 것도 강점이다.

마실 때는 설탕, 향신료를 넣고 마시거나, 버터나 소금을 입에 머금고 마신다. 이렇게 마시는 방법을 가리켜 각 나라별로 아라비아식, 그리스식, 불가리아식이라고 부르고 있다. 마시고 난 뒤에는 커피잔을 받침 위에 엎어 놓는데, 받침 위에 생긴 모습으로 점을 치는 풍습이 오늘날까지도 이어지고 있다.

프렌치 프레스 French Press

유리관 안에 분쇄된 커피를 담고 뜨거운 물을 부어준 다음 금속성 필터로 눌러 짜내는 수동식 추출방식. 커피가루를 끓인 물에 담가서 뽑아내는 방식으로 금속거름망이 달린 막대 손잡이와 유리그릇으로 구성돼 있다.

1.5mm 정도로 조금 굵게 분쇄한 커피가루를 포트에 넣고 물을 부어 저어준다. 그 다음 거름망이 달린 손잡이를 눌러 커피가루를 포트 밑으로 분리시킨 후 커피를 따라 마신다.

핸드드립 Hand Drip

가장 자연적인 방식. 중력의 원리를 이용해 뜨거운 물을 천천히 부어 추출하는 필터식 추출방식으로 '멜리타 Melitta Bentz'라는 독일 여성이 개발했다.

깔때기 모양의 드리퍼는 여과지를 받쳐주는 받침대로 물이 원활하게 흐를 수 있도록 경사지게 만들고 홈을 판 형태다. 이 홈은 물길 역할을 하는 동시에 필터와 드리퍼가 밀착되어 커피액이 역침투하는 것을 방지해 준다.

드립퍼로는 강화 플라스틱 소재로 만든 제품이 많이 쓰인다. 도자기 제품도 있으나 깨지기 쉽고 가격도 상대적으로 비싸기 때문에 많이 사용하지는 않는다.

기계드립 Automatic Drip

전자식 제어를 통해 자동으로 뜨거운 물을 고르게 부어 커피를 뽑는 대량 추출방식으로 주로 수요가 많은 휴게소 등에서 많이 사용한다.

버큠포트 Vacuum Pot

증기의 압력, 물의 삼투압 현상을 이용해 추출하는 진공식 추출방식으로, 1840년 해양학자인 로버트 나피어 Robert Napier에 의해 발명되었다. 커피의 맛이 깨끗하고 추출되는 과정이 아름답지만 시간이 많이 걸리고 번거롭기 때문에 국내에서는 널리 보급되지 못했다. 그럼에도 불구하고 커피애호가들이 한 번쯤은 해 보는 방식으로 일본을 거치면서 사이폰 Siphon이라는 상표 이름으로 정착됐다.

버큠포트는 상하 두 부분으로 나뉜 구조이며, 그 사이에 윗부분에 고정된 필터가 있다. 물을 아래 부분에 담고 알콜램프로 천천히 가열하면 끓기 시작하면서 증기압과 삼투압에 의해 커피가루가 있는 위쪽으로 올라간다. 불을 끄면 커피물이 필터를 거쳐 아래로 내려오게 된다.

모카포트 Mocha Pot

가열된 물에서 발생하는 수증기의 압력을 이용해서 추출하는 추출기구를 일컫는다. 증기압을 이용하기 때문에 비교적 쉽고 간단하게 에스프레소 방

식에 가까운 커피맛을 낼 수 있다. 유럽에서는 흔하지만 국내에서는 마니아들만 아는 추출기구로 다양한 제품들이 유통되고 있다.

곱게 간 원두와 정수된 물을 포트에 채운 뒤 불 위에 놓고 끓이면 수증기가 원두를 통과하면서 에스프레소 원액이 추출된다. 수증기가 오일성분까지 씻어내리기 때문에 여과지가 있는 커피메이커와는 다른 지용성 향이 나온다. 다소 거칠지만 고전적인 맛을 즐길 수 있다.

에스프레소 머신 Espresso Machine

보일러의 압력과 모터를 이용, 빠른 시간에 추출하는 현대식 추출방식이다. 현대 과학의 결정체라고 일컬어지는 커피머신의 발명과 발달은 에스프레소 커피가 현대식 커피의 대명사로 떠오르는데 결정적인 역할을 담당하고 있다. 이로 말미암아 커피사업자들은 커피의 경제적 부가가치를 한층 더 높일 수 있는 발판을 마련했으며, 소비자들은 좀 더 맛있는 커피를 더욱 빠른 시간에, 더욱 안정적으로 즐길 수 있게 되었다.

바리스타라는 새로운 직업군이 형성되고 인정받는 데 크게 기여한 것도 에스프레소 커피머신이다. 사람들은 이 작고 아담하고 세련된 모양의 기계에 열광한다. 또 얼핏 보기에 아주 간단하고 쉬워 보이는 바리스타의 손놀림 몇 번으로 그토록 맛있는 커피가 단숨에 만들어진다는 사실에 대해 경탄을 금치 못한다. 오늘날 에스프레소 커피머신은 전세계의 카페나 커피전문점에서 흔하게 볼 수 있는 필수불가결한 핵심장비로 자리잡았다.

커피머신의 구분

커피머신은 성능이나 용량에 따라 자동과 반자동, 1그룹, 2그룹, 3그룹, 4그룹 등으로 구분된다. 추출방식과 원리의 차이에 따라 수동식, 반자동식, 자동식, 전자동식 등으로 구분하기도 하지만 수동식, 반자동식, 자동식 등 3가지로 나누어 보는 것이 일반적이다.

이 세 가지의 기본적인 원리와 장단점을 분석해 보면 다음과 같다.

수동식 커피머신

전통적인 형태로 사람의 손에 의해 모든 동작이 이뤄지는 커피머신이다. 주로 개발초기에 많이 생산되었으며, 에스프레소 커피머신의 원조격으로 유럽을 중심으로 카페 등에서 각광을 받으며 활발하게 사용된 바 있다.

레버의 지렛대 원리를 응용한 피스톤식 기계라고 할 수 있다. 아래쪽의 필터바스켓에 커피가루를 담은 상태에서 레버를 위로 당겨주면 용수철이 압축되면서 피스톤이 들어 올려지고 그 하부의 공간에 보일러의 뜨거운 물이 유입된다.

이때 지렛대와 용수철의 힘을 이용해 레버를 단번에 눌러 내리면 피스톤이 아래로 빠르게 내려가면서 유입된 뜨거운 물이 압축되고 그 압력에 의해 커피가 빠르게 추출된다.

이 수동식 에스프레소 머신은 지렛대의 원리를 응용했기 때문에 큰 힘을 들이지 않고도 적절한 압력에 의한 커피추출이 가능하다는 점에서 획기적인 발명으로 평가되었다. 또 그 편리성과 시각적이고 퍼포먼스적인 효과를 바탕으로 유럽의 고급 카페를 중심으로 각광을 받았다.

수동식 커피머신

그러나 한꺼번에 많은 사람이 몰릴 경우 빠른 대응이 어려운데다 사람의 손과 힘에 의존하여 추출하기 때문에 일정한 커피맛을 내기 어렵다는 한계를 지니고 있었다. 번번이 레버를 올리고 내리는 일도 쉽지만은 않은 일이었다.

이런 이유로 편리성과 스피드를 개선한 반자동 방식의 에스프레소 커피머신이 개발되면서 수동식 커피머신은 빠르게 퇴출되고 말았다. 아직도 일부 제품이 유통되고 있고, 유럽의 카페 중에는 이 수동식 커피머신을 고집하는 곳도 있다. 하지만 대다수는 장식품으로 쓰이고 있는 형편이다.

반자동 에스프레소 커피머신

그라인더와 머신이 분리되어 있는 방식으로 이 장에서 집중적으로 다루게 될 커피머신이다.

개발 초기에는 수동식에 더 가까울만큼 손이 많이 가는 기계들 위주였으나, 요즈음에는 디지털 방식의 프로그래밍에 의해 포터필터를 장착하고 버튼만 눌러주면 되는 자동식이 주류를 이루고 있다.

자세한 내용은 뒤에 다루기로 하고, 그 장단점만 간략히 나열하면 다음과 같다.

반자동 커피머신

반자동 에스프레소 커피머신의 장점

- 그라인더와 에스프레소 머신이 분리되어 있어서 원두커피에 열이 가해지지 않는다. 이에 따라 맛의 변화가 적은 양질의 에스프레소 커피 추출에 유리하다.
- 전문 바리스타용 커피머신으로 다양한 에스프레소 메뉴커피를 만들기가 용이하다.
- 바리스타의 능력에 따라 다양한 에스프레소 커피를 추구할 수 있다.
- 기계적인 매커니즘이 비교적 단순하기 때문에 잔고장이 적다.
- 관리하기가 용이하다.
- 기계 구입비용이 전자동 커피머신에 비해 적다.

반자동 에스프레소 커피머신의 단점

- 장비에 대한 이해와 다루는 기술이 필요하다.
- 뽑는 사람에 따라 맛의 차이가 있을 수 있다.
- 설치공간이 넓고, 전문성이 요구된다.

전자동 커피머신

전자동 에스프레소 커피머신

그라인더가 머신 내부에 장착되어 있기 때문에 한번의 작동으로 분쇄와 추출이 동시에 이루어지는 커피머신이다. 크기와 종류가 다양하며, 프로그래밍에 의해 누가 작동해도 일정한 커피맛을 내주는 제품이라는 것이 강점이다.

최근에는 터치식 콘트롤 판넬을 적용한 첨단 커피머신도 유통되고 있다. 초기에는 주로 에스프레소 전용 제품으로 개발되었으나, 요즈음에는 카페라떼, 카푸치노 등 기본메뉴를 자동으로 추출해주는 제품도 속속 출시되고 있다. 그 장단점은 다음과 같다.

전자동 에스프레소 커피머신의 장점

- 커피를 추출하기가 쉽고 간편하다.
- 블랙커피 추출에 특히 유리하다.
- 여러 사람이 각자 추출해도 비슷한 맛의 커피추출이 가능하다.
- 작은 공간에도 설치가 가능하며, 설치방법도 비교적 간편하다.

전자동 에스프레소 커피머신의 단점

- 원두를 내부의 호퍼에 담기 때문에 커피 소모량이 적을 경우 맛의 변화가 생기기 쉽다.
- 디지털 기술을 적용, 잔고장이 많은 편이다.
- 반자동 커피머신에 비해 상대적으로 비싸기 때문에 초기 구입비가 상대적으로 높은 편이다.
- 다양한 맛의 변화가 어렵다.

커피머신의 탄생과 발전

커피는 에티오피아에서 처음으로 발견되어 아라비아 지역에 뿌리를 박으면서 그 향을 주변 나라로 퍼뜨렸다. 이때는 주로 열매 자체를 끓여서 마셨다. 커피의 재배는 아라비아 지역에만 한정되었으며, 커피의 종자가 다른 지역으로 나가지 못하도록 이슬람 세력의 통제와 보호를 받았다.

이후 중앙아시아의 북쪽 끝인 터키에 이르러 열매를 볶은 다음 분쇄하여 끓여먹는 방법이 성행했는데, 이것이 오늘날 터키식 커피이다. 그것은 커피가 종교적인 카테고리를 벗어나 대중적인 음료로 확산되기 시작했음을 의미한다.

그러던 중 12~13세기에 걸쳐 이슬람권을 침입해 온 유럽의 십자군이 커피 맛을 보게 되었고, 이들에 의해 유럽에도 알려지기 시작했다. 기독교권인 유럽에서는 초기 커피를 이교도의 음료라고 배척하였으나, 로마 황실에서 커피를 인정함으로써 유럽 전역으로 빠르게 전파되었다.

터키식 방식에서 핸드드립으로

17~18세기 무렵에는 유럽 각지에 커피가 대중화 되었고, 도시 곳곳에 커피하우스가 생겼다.

이때까지만 해도 커피 음용방법은 물에 커피가루와 설탕을 함께 넣은 다음 끓여서 마시는 터키식 커피가 주류였다. 문제는 가루가 입안에 남는다는 것이었는데, 이를 없애기 위해 커피를 끓인 다음 천으로 걸러서 마시는 방법이 고안되었고, 그 이후 필터에 커피를 먼저 담은 다음 그 위에 뜨거운 물을 부어 추출하는 드립커피가 창안되었다.

융드립

진한 터키식 커피맛에 익숙했던 당시 사람들이 연한 드립커피를 수용하기까지에는 많은 시간이 걸렸을 것이다. 그러나 커피의 잡미가 터키식 커피보다 적고 뒷맛이 깔끔하다는 사실이 알려지면서 드립커피를 즐기는 사람들이 크게 늘었다. 때문에 18세기 유럽의 카페에서는 터키식 커피에서부터 드립식 커피에 이르기까지 다양한 추출방법이 고안되고 실험되면서 커피의 발전을 이끌었다.

드립포트

증기압을 이용한 추출법의 개발

그러나 터키식 커피나 드립커피는 추출시간이 오래 걸린다는 단점을 안고 있었다. 커피의 인기가 높아지고 대중화됨에 따라 커피하우스에서는 더욱 많은 손님에게 좀 더 빨리 커피를 제공할 수단이 요구되었고, 그 대안은 이탈리아에서 나왔다. 19세기 이탈리아 북부지역을 중심으로 커피의 추출속도를 올리기 위한 여러 가지 기계가 고안되었다.

추출 속도는 곧 판매량과도 직결되기 때문에 분쇄된 입자들 사이로 뜨거운 물을 빠르게 통과시킬 수단이 필요했다. 이를 위해 동원된 것이 증기압

다양한 버큠포트

이었다. 다양한 실험을 거치면서 1840년대에는 기압으로 커피의 추출속도를 빨리하는 여러 가지 기계들이 개발되었는데, 그 대표적인 것이 지금의 버큠포트(사이펀) 방식이라 할 수 있는 진공추출법이다.

버큠포트 방식은 밀폐된 용기에 물을 담고 끓이면 끓는 물이 증기의 압력에 의해 다른 용기로 이동하게 되고 가열을 멈추면 압력이 떨어지면서 다시 원래의 용기로 복귀하는 원리를 응용한 것으로 당시로서는 획기적인 발명이었다. 드립에 비해 추출력이 강할 뿐만 아니라 시각적 효과도 뛰어나 선풍적인 인기를 끌었다. 방식은 다르지만 증기압을 이용한다는 면에서 그것은 이후 에스프레소 커피머신의 탄생을 예고하는 신호탄이기도 했다.

에스프레소 커피머신의 탄생

한편에서는 더욱 진한 커피를 선호했던 사람들은 커피 추출속도를 배가하기 위한 여러 가지 실험을 계속하고 있었는데, 그 중 대표적인 것이 증기압을 이용해 뜨거운 물을 강제로 밀어냄으로써 커피가루 사이를 빠르게 통과시키는 방법이었다.

베제라 커피머신

1901년 이탈리아 밀라노의 베제라 Luigi Bezzera가 몇 차례의 실험 끝에 증기압을 이용한 머신을 처음으로 개발해 발표하면서 특허를 취득했다. 이 때 나온 베제라 커피머신의 특징은 필터 홀더에 한 잔이나 두 잔 분량의 커피가루를 채우고 컵에 직접 추출하는 방식이었다.

1905년에는 데지데리오 파보니^{Desiderio Pavoni}에 의해 한층 완성도를 높인 커피머신이 개발됐다. 그는 이탈리아의 카페를 중심으로 라 파보니^{La Pavoni} 커피머신을 활발하게 보급함으로써 대중화의 물꼬를 텄다. 그러나 이 기계로 얻을 수 있는 증기압은 1.5기압 정도에 불과했기 때문에 한꺼번에 많은 잔의 커피를 연달아 뽑아내기 어렵다는 문제를 가지고 있었다. 이때부터 커피머신의 압력을 높이기 위한 여러 가지 시도와 시행착오가 이어졌다.

라 파보니 커피머신

증기압과 온도 사이의 딜레마

기계 제조업자들의 고민은 단지 증기압을 올리는 데 있었던 것만은 아니었다. 그들은 새로운 매커니즘을 추구했다. 물을 끓여 생긴 증기가 보일러 내의 뜨거운 물과 함께 밀려나오는 방식이 아니라, 밀폐된 보일러를 가열해 증기압이 1.5기압까지 충분히 높아진 시점에 배출구를 열어줌으로써 순간적으로 뜨거운 물을 밀어내는 방식이었다.

그러나 이 기계로 추출한 커피는 쓴맛이 너무 강했다. 그 원인은 물의 온도에 있었다. 물은 1기압 이하에서는 100℃에서 끓지만, 그보다 높은 압력에서는 100℃ 이상에서 끓는다. 에스프레소를 추출할 때 가장 이상적인 물의 온도는 약 90~95℃ 정도인데, 1.5기압의 증기압 하에서 끓는 물의 온도가 너무 높았다.

결국 보일러를 밀폐한 채 가열을 계속해 압력을 1.5기압까지 올리는 방식으로는 한계에 부딪칠 수밖에 없었다. 물의 온도는 100℃ 이상이기 때문에 90~95℃에서는 추출되지 않았던 원두커피의 잡미성분까지 용해되어 나오기 때문이다. 이는 곧 커피의 일부 성분이 변화를 일으켜 에스프레소 커피 맛이 현저하게 저하됨을 의미한다.

피스톤의 원리를 도입하다

증기압을 올리는 것만이 능사가 아니라고 판단한 기술자들은 새로운 방법으로 눈을 돌렸다. 그것은 뜨거운 물을 밀어내는 새로운 압력수단을 무엇으로 얻을까 하는 것이었다. 그 대안으로 수돗물의 압력을 이용해 보일러의 뜨거운 물을 밀어내는 머신이 고안되었지만, 온도관리가 어렵고 지역에 따라 수돗물의 압력이 달라 상용화가 어렵다는 단점이 있었다.

그러던 중 밀라노에서 카페를 경영하고 있던 아킬레 가찌아(Achille Gaggia)에 의해 획기적인 방안이 나왔다. 그는 이미 보급되어 있던 기존의 증기압 머신을 개조한 새로운 방식의 커피머신을 개발, 특허를 취득함으로써 관심을 집중시켰다. 바로 피스톤의 원리를 응용한 레버식 커피머신이었다.

가찌아 커피머신은 레버에 피스톤을 연결시킨 것으로 원리는 비교적 간단하다. 레버를 끌어올리면 피스톤이 함께 올라가면서 그 아래 공간에 유입된 뜨거운 물을 순간적으로 눌러 강한 압력으로 커피를 뽑아내는 원리이다. 그 과정에는 용수철을 이용한 지렛대의 원리가 동원되었다. 이를 바탕으로 레버를 올릴 때 그 안의 용수철이 동시에 압축되도록 함으로써 적은 힘으로도 추출이 가능하게 되었다.

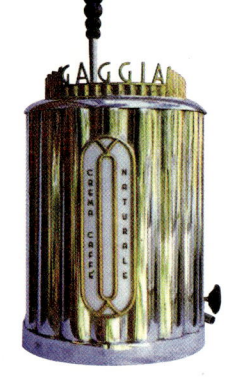

가찌아 커피머신

가찌아 커피머신은 적절한 온도를 유지하면서 추출압력도 9기압 정도의 고압을 가할 수 있다는 장점을 지니고 있었다. 또 힘 조절이나 온도 조절을 통해 추출시의 미세한 맛 조절도 가능하게 되었다. 이러한 장점 때문에 피스톤식 커피머신은 유럽의 카페들을 중심으로 급속히 보급되었다. 이 피스톤의 원리를 이용한 추출방식은 현재의 메뉴얼식 에스프레소 커피머신의 기초가 되고 있다.

예상치 못했던 소득, 크레마

피스톤식 기계의 발명에 의해 단시간에 추출하는 에스프레소 커피가 더욱 본격적으로 발전할 무렵 예상외의 현상이 일어났다. 추출된 커피의 표면에 미세한 선홍색 거품이 형성되었던 것이다. 높은 압력으로 인해 나타난 이 거품은 커피 자체의 맛깔스러움을 더해주는 동시에 향미를 보존하는 역할을 함으로써 에스프레소의 풍미를 더해주는 요소로 각광을 받게 되었다.

이후 크레마는 에스프레소 커피의 상징으로 떠올랐고, 그 농도에 따라 추출이 잘 되었는지의 여부가 판가름나는 기준이 되었다. 크레마는 이 새로운 커피머신의 장점이자 특징으로 자리 잡았다.

가찌아의 피스톤식 커피머신은 에스프레소 커피의 비약적인 발전을 가져왔다. 이탈리아는 물론 유럽의 카페들이 이 머신을 도입하면서 더욱 맛있는 커피를 빠르게, 또 안정적으로 제공할 수 있게 되었다.

분쇄입자의 굵기와 추출압력의 미세한 조절을 통해 다양한 맛의 에스프레소를 추구할 수 있다는 것도 큰 소득원이었다. 시각적인 퍼포먼스와 풍미가 더해지면서 '바리스타'라는 신종 직업군이 떠올랐고, 그에 걸맞는 현대적이고 세련된 분위기의 카페가 유럽 각국의 대도시를 중심으로 속속 문을 여는 계기가 되기도 했다.

에스프레소가 인기를 누리면서 더욱 맛있는 커피를 더욱 빠르고 안정적으로 추출하기 위한 기계 개발자들과 제조회사들의 연구와 투자도 가속화되기 시작했다. 이러한 투자와 연구의 결과로 오늘날 우리가 현대적 커피머신의 완성작이자 기술적 근간이라고 평가받는 훼마 커피머신이 개발되었다.

현대적 커피머신의 완성작, 훼마

피스톤식 커피머신도 완벽한 것은 아니었다. 무엇보다 높은 온도에서 에스프레소의 추출이 이루어짐에 따라 크레마와 향이 빨리 없어진다는 것이 '옥에 티'였다. 이를 보완하는 과정에서 증기압 대신 수압을 이용하는 머신이 개발됐다. 1958년 훼마Faema의 달라코르테Dalla Corte 외 2인이 개발한 현대식 커피머신이 그것이다. 이로써 오늘날과 같은 보일러 시스템과 전동 펌프를 장착한 진보적인 커피머신이 탄생했다.

이 커피머신은 물관이 보일러 안을 통과하는 동안 간접적으로 가열되어 적당한 온도의 뜨거운 물이 커피에 공급되는 구조로, 오늘날까지 그 기조가 유지되고 있다.

이에 따라 기존 보일러의 결점이 극복되었으며, 기계의 크기도 현저하게 작아졌다. 커피 추출과 스팀 사용이 편리해졌고, 스팀의 온도도 별도로 조절할 수 있게 되었다. 또 그 이전의 대용량 보일러에서는 탱크내에 일정량의 물이 남아 있었지만, 새로운 보일러 시스템에서는 항상 깨끗하고 신선한 물을 사용할 수 있게 되었다. 현재에도 일체형 보일러는 이 시스템을 그대로 사용하고 있다.

개별보일러에서 독립보일러로

훼마 커피머신은 수직구조였던 기존의 기계를 수평형으로 바꾸는 계기가 되었다. 이는 에스프레소 커피를 근간으로 하는 커피바의 비약적인 발전을 가져왔으며, 작업 능률과 편의성을 더욱 증대시키는 요인이 되기도 했다. 피스톤에 의해 수동으로 가했던 압력을 전동펌프가 대신하면서 항상 9Bar 정도의 압력을 일정하게 유지할 수 있게 된 것도 큰 소득이었다. 일정한 맛의 커피를 더욱 간편하게 추출할 수 있게 됨으로써 커피사업의 대형화, 즉 프랜차이즈화가 가능해졌기 때문이다.

이후 이 시스템이 이탈리아의 모든 기계에 응용되었고, 많은 회사에서 다양한 제품을 경쟁적으로 만들게 되었다. 그러나 2000년 이후부터 커피머신은 더욱 섬세하게 바뀌어나가고 있다. 스페셜티커피 바람이 불면서 로부스타보다 아라비카의 사용비율이 높아졌고, 그에 따라 커피머신도 더욱 진화하게 된 것이다.

아라비카 커피는 로부스타에 비해 온도에 민감하다. 이 때문에 온도 콘트롤을 더욱 쉽게 하고 온도 변화를 최소화시키기 위한 새로운 시스템, 즉 독립보일러 시스템이 개발되었다.

독립보일러 시스템은 그룹마다 소형 보일러를 따로 장착한 것으로, 아주 미세한 온도의 조절이 가능한 제품이다.

커피머신의 설치

커피머신 설치의 기본요건들

커피머신은 그 숍의 매출과 직결되기 때문에 일정한 설치요건에 따라 설치되어야 한다. 커피머신을 설치할 경우에는 위치와 높이, 전기, 물이 매우 중요하다. 또 냉장고나 제빙기, 빙삭기, 블렌더 등 기타 필요한 장비들은 커피기계를 중심으로 해서 가급적 가까운 곳에 배치하는 것이 좋다. 이런 요건들이 충족되지 않으면 바리스타의 피로가 높아지고 결국에는 작업능률도 크게 떨어지게 된다.

설치 위치

커피머신의 설치는 주방이나 바의 인테리어와 밀접하게 연관되어 있다. 그에 따라 바 앞쪽에 설치할 것인지, 아니면 뒤쪽에 설치할 것인지를 결정해야 한다.

만일 앞쪽 바의 길이가 길다면 앞에 설치하는 것도 좋으나, 커피기계는 일반적으로 뒤쪽 가운데 설치하는 것이 편리하다. 그래야 바리스타가 에스프레소 커피를 추출하거나 메뉴를 만들 때 편리하고, 가운데를 중심으로 좌우로 움직일 수 있는 동선이 확보되기 때문이다.

커피전문점용 반자동 에스프레소 커피머신은 그 자체로 뛰어난 시각적 효과를 발휘하는 고가의 장비이다. 바 인테리어와 디스플레이에서 대단히 중요한 요소이기도 하다.

테이블 크기

테이블의 크기는 넉넉하게 잡는 것이 좋다. 예를 들어 기계의 가로 사이즈가 730mm라면 1200mm 이상의 공간이 필요하다. 커피머신 옆에 그라인더가 설치되므로 그라인더 자리 250mm와 약간의 찌꺼기통 배치공간도 필요하다. 여기에 바리스타가 작업하기에 편한 작업공간도 어느 정도 확보해야 효율성을 높일 수 있다.

테이블의 깊이는 기계에서 앞으로 약 100~150mm 더 크게 만드는 것이 좋다. 메뉴를 만들 때 커피머신 바로 앞에서 작업하는 것이 더욱 효율적이기 때문이다. 예를 들어 기계의 깊이가 500mm라면 테이블의 깊이는 600~650mm는 되어야 한다.

테이블 높이

커피기계를 설치할 테이블 높이는 850~900mm를 기본으로 한다. 테이블이 너무 높거나 낮으면 기계를 사용할 때 여러모로 불편해지고, 그에 따라 작업능률도 크게 떨어질 수 있다. 특히 스피드가 요구되는 테이크아웃 커피전문점의 경우에는 커피기계의 위치와 높이가 더욱 중요하다.

만일 테이블 밑에 테이블형 냉장고나 제빙기를 설치해야 한다면 테이블의 높이가 900mm는 확보되어야 할 것이다. 메이커에 따라 차이가 있지만, 대개의 경우 테이블 냉장고나 제빙기의 높이가 약 700~800mm이기 때문이다.

테이블 재질

테이블의 재질은 인조 대리석이나 대리석을 많이 사용한다. 안정성이 뛰어날 뿐 아니라 커피머신의 현대적인 외관 이미지와 잘 어울리기 때문이다. 만일 원목으로 테이블을 대신할 경우에는 나무에 물이 스며들지 않도록 방수를 잘 해야 한다. 원목은 은은한 자연미를 풍기는 최상의 인테리어 소재이지만 물기에 약하고 청소와 관리가 까다롭다.

안정적인 설치를 위한 주변조건들

커피기계는 전기와 물이 있어야 가동되므로 이 두 가지 조건에 대해서도 잘 알아두어야 한다. 기계에 필요한 기본적인 사항에 대해 자세히 알아보자.

수도

지하수나 수돗물에서 정수기나 연수기를 통해서 커피기계로 연결된다. 커피기계를 수도에 연결할 때는 반드시 밸브를 별도로 설치해야 한다. 이는 차후 기계점검 시나 이상이 발생할 경우 커피기계로 공급되는 물만 차단할 수 있게 하기 위함이다. 또 수도에 연결하는 부속들은 동이나 스테인리스 등 녹이 발생하지 않는 소재로 된 것을 사용해야 한다. 녹이 많이 생기면 정수기 필터 교환시기가 빨라지고, 커피맛에도 영향을 줄 수 있다. 커피기계와 연결된 수도는 가급적 영업시간 종료와 동시에 잠궈주는 것이 좋다. 야간에는 수압이 강해지므로 수도를 잠그고 퇴근하는 것이 더 안전하다.

급수 연결관

수도 급수관은 강한 수압을 견딜 수 있는 재질로 된 것이어야 한다. 대개의 경우 1~5Bar 정도의 압력을 견딜 수 있는 재질로 된 제품이 많이 사용된다. 사용할 때는 급수 연결관에 흠집이 생기지 않도록 주의하고 수시로 점검하는 것이 좋다. 만일 급수관에 흠집이 생겼다면 즉시 교환해주어야 한다.

또 사용 중 강한 충격이 가해지거나 함부로 움직여지지 않도록 단단히 고정시키는 것도 중요하다. 배관할 때는 급수관이 꺾이지 않도록 한다. 꺾인 부위가 있으면 수압이 크게 상승하기 때문에 펌프의 마모를 초래할 수 있다.

연수기와 정수기

에스프레소는 대부분이 물로 이루어져 있기 때문에 물이 좋아야 양질의 에스프레소를 얻을 수 있다. 물은 크게 경수와 연수로 나뉜다. 물에 들어 있는 칼슘, 칼륨, 마그네슘 등 미네랄 성분의 함량을 수치화해 경도(硬度) degree of hardness라고 하며, 경도6(107ppm, 107mg)을 기준으로 이보다 수치가 높은 물을 경수, 낮은 물은 연수라고 한다.

일반적으로 경도 1도는 약 18ppm이다. 물속에 함유되어 있는 미네랄 함량은 ppm(백만분의 1) 단위로 표시하는데, 가령 50ppm은 물 1리터에 칼슘과 마그네슘 등 광물질 성분이 50mg 녹아 있음을 의미한다.

커피를 추출할 때에는 보통 적당량의 미네랄을 함유하고 있는 연수를 많이 사용한다. 완전연수(증류수)는 기계의 측면에서는 좋으나 커피의 모든 맛을 그대로 드러내기 때문에 커피추출에 좋은 물은 아니다.

만일 경수를 사용하게 되면 지나친 광물질 흡착으로 인해 기계고장의 가능성이 높아진다. 또 커피의 쓴맛과 떫은맛이 강해지게 된다. 특히 바닷가 등 지형적인 특성상 염분이나 광물질이 많이 포함되어 있는 지하수를 사용할 때에는 반드시 연수기를 따로 설치하는 것이 좋다.

연수기의 설치

연수기는 광물질을 걸러내어 경수(센물)를 연수(부드러운 물)로 만드는 제품이다. 만일 경수를 그대로 사용하면 기계 내부에 스케일이 축적되어 잦은 기계 고장의 원인이 된다. 또한 기계 수명도 단축시킨다.

보통 우리가 마시는 수돗물은 70~100ppm 정도의 연수에 해당된다. 수돗물을 사용할 경우 연수기 설치여부는 건물의 노후정도나 관리정도, 숍 운영자의 마인드에 따라 달라질 수 있다. 그러나 좀 더 섬세한 커피맛을 위해서는 설치하는 것이 바람직하다. 연수기는 물이 위에서 입력되어 아래로 출력되는 시스템이다. 위 부분은 수도와, 아래 부분은 정수기와 연결하는 것으로 비교적 간단하게 설치할 수 있다.

연수기의 청소

연수기는 물속에 함유하고 있는 광물질을 걸러내는 장치로, 거의 반영구적인 사용이 가능한 제품이다. 따라서 연수기는 평상시 관리와 청소가 매우 중요하다.

연수기의 청소법, 즉 청소주기와 청소방법을 잘 숙지하고 용량에 맞게 주기적으로 청소를 한다면 양질의 에스프레소를 얻기가 쉬울 것이다. 연수기는 주로 소금을 이용해서 청소한다.

표6) 연수기 청소 주기

연수기 용량 (리터)	온도에 따른 사용주기(리터)					소금의 양(Kg)
	20℃ 이하	30℃ 이하	40℃ 이하	60℃ 이하	80℃ 이하	
5	900	750	670	520	370	0.65
8	1400	1200	1100	840	600	1
12	2300	1800	1600	1200	900	1.5
16	3000	2500	2100	1700	1200	2
20	4200	3600	3100	2500	1800	2.5

체크포인트12) 연수기 청소방법

1. 정상적인 연결상태에서 위쪽 급수밸브를 반대쪽으로 돌려 연수기 내부의 압력을 제거한다. 이때 압력 제거시간은 1분 정도 소요된다.
2. 출력밸브도 반대쪽으로 돌려준다.
3. 압력이 다 빠지면 위쪽 손잡이를 돌려 개봉한다.
4. 연수기 뚜껑을 열고 소금을 넣어준 다음 뚜껑을 잘 닦아서 다시 조립한다.
5. 조립이 완료되면 위쪽 급수밸브를 다시 원상태로 돌려 물을 공급한다. 그러면 아래쪽 출구쪽에서 물이 나오기 시작하면서 연수기 청소가 시작된다. 청소시간은 30분~1시간 정도 소요된다.
6. 이 시간이 지난 후 아래쪽 밸브의 호스를 분리하여 물을 받아 맛을 본다. 짠맛이 없으면 아래 밸브도 정상적으로 돌려 기계로 물을 공급한다. 만약 이때 짠맛이 나면 물을 좀 더 빼주면 된다.

※ 일반적으로 에스프레소 기계에는 8리터 용량의 연수기를 많이 사용하고 있으며, 약 50~60 Kg의 커피를 사용한 시점에 한 번씩 청소를 해주면 무난하다.

기능성 정수기(연.정수기)

커피추출에 있어 물의 역할이 강조되고 있고 점점 수질이 나빠지고 있기 때문에 연수기에 대한 필요성이 절실히 높아지고 있다.

그래서 최근에 관리하기가 용이한 연수 기능과 정수 기능을 혼합한 기능성 정수기를 도입되고 있다. 청소를 하는 것이 아니라 교환 시기가 되면 필터를 교체하는 방식이라 매장에서 누구나 쉽게 교체를 할 수가 있다.

교환 시기는 기능성 정수기에 표기된 사용량을 확인해서 매장에서 사용량을 계산해서 교환을 하면 된다.

참고로 에스프레소 1잔을 추출하는데 50ml정도의 물이 필요하다.

정수기의 설치

정수기는 물속에 포함되어 있는 이물질을 제거한다. 맛과 냄새를 좋지 않게 하는 물질은 물 속의 염소성분 때문인데, 이것을 제거 해주는 것이 활성탄이다. 탄소의 표면에 있는 활성화된 산소들이 염소와 같은 유기체를 유인하여 포획한다.

다음으로 스케일을 방지해주는 역할을 한다. 스케일은 기계의 수명과 밀접한 관련이 있으며, 특히 물맛을 결정하는 요소이기도 하므로 좋은 정수기를 설치하는 것이 좋은 에스프레소를 얻는데 유리할 것이다. 정수기는 에스프레소 기계를 세팅할 때 필수적으로 설치하는 것이 좋다.

정수기의 관리

정수기는 용량이나 조건에 따라 필터 교환시기가 다르다. 녹물이 많이 유입되는 곳은 정수기 필터 교환시기가 좀 더 빨라진다. 정수기는 미리미리 점검을 하여 필터를 교환해주어야 하는데, 대개 제품에 필터 사용량이 표시되어 있으므로 주기적으로 점검하고 교환하면 된다. 커피기계의 온수를 추출해서 먹어보고 맛이 바뀌면 교환하는 것도 한 방법이다.

바리스타는 항상 매장에서 사용하는 1일 물량을 알아둘 필요가 있다. 그래야 정수기의 필터 교환시기를 체크할 수 있기 때문이다. 에스프레소 추출에서는 물맛이 매우 중요하므로 연수기와 정수기의 선택과 관리법을 숙지하고 항상 점검하는 자세가 바람직하다.

연수기와 정수기는 주기적으로 청소하거나 교환해주어야 하므로 설치할 때에는 이런 작업이 용이한가를 고려하여야 한다. 싱크대 안쪽이나 기계에서 가까운 곳에 별도의 공간을 만들어 설치하는 것이 좋다.

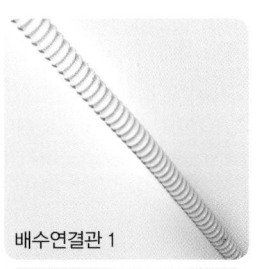

배수연결관 1

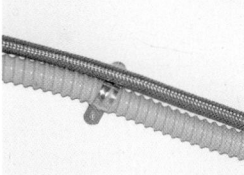

배수연결관 2

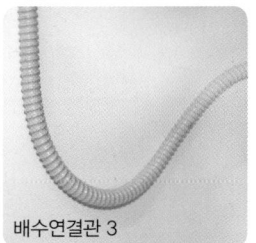

배수연결관 3

배수연결관

배수연결관은 기계에서 버려지는 물을 하수구로 흘려보내는 관이다. 이 배수관은 압이 없으므로 물이 잘 흘러갈 수 있도록 곧게 설치해야 한다.

배수관을 곧게 설치 했다고 하더라도 관 길이가 너무 길면 배수에 문제가 발생할 수 있으므로 〈배수연결관 2〉와 같이 중간 중간을 고정시켜 주는 것이 좋다. 만약 〈배수연결관 3〉처럼 설치했다면 휘어진 부분에 커피찌꺼기가 쌓여 배수가 잘 되지 않고 역류하게 될 것이다.

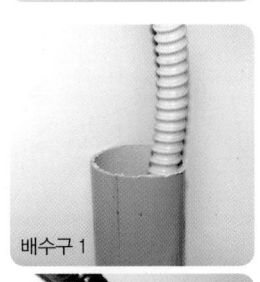

배수구 1

배수구 2

배수구

하수구에서 올라오는 관으로 커피기계 배수관과 연결되는 부분이다.

배수구는 지하 하수구와 연결되어 있으므로 배수관 연결 후 실리콘으로 빈틈을 막아 냄새가 밖으로 새어 나오지 않도록 해야 한다. 〈배수구 1〉 그림보다 〈배수구 2〉그림이 더 위생적이다.

Coffee Machine 6 커피머신의 구조와 역할

커피머신에서 가장 중요한 요소는 안정적인 온도와 일정한 추출압력이다. 이 두 가지의 요소에 의해 에스프레소 커피의 맛과 향 등 전반적인 품질이 좌우되기 때문이다.

바리스타에게 있어서 커피머신은 분신과도 같은 존재이기 때문에 그 구조와 역할에 대한 이해와 함께 설치법, 관리법 등에 대해서도 잘 숙지해야 한다. 이 중 설치법은 다분히 엔지니어적인 영역으로, 대개 판매회사의 전문 엔지니어들이 담당하고 있으나, 기계에 대한 이해와 친밀도를 높이기 위한 방편으로 기본적인 사항 만큼은 알아둘 필요가 있다.

이 장에서는 커피머신 설치의 기본요건과 요령, 주변적인 조건에 이어 전원, 각 부분의 명칭 및 역할에 대해 알아본다.

커피머신의 구조와 역할

전기는 전력(電力)electric power과 전류(電流)electric current와 전압(電壓)voltage으로 이루어진다. 이 중에서도 특히 전압(V)은 커피머신의 성능과 밀접한 관련을 지니고 있다. 전압은 220V 단상과 380V 3상이 주로 사용되고 있다. 220V 단상은 말 그대로 1가지의 전기로 모든 부품을 작동하는 것이고, 380V 3상은 3가지의 전기로 가동하는 방식이다.

220V 단상

220V 단상 전용기계는 〈그림1〉처럼 전기선이 3가닥으로 되어 있다. 3가닥으로 이루어지는 기계는 220V 단상 전용 기계이므로 〈그림2〉처럼 접지와 연결이 가능한 플러그를 사용해야 한다. 〈그림1〉에서 가운데 선과 왼쪽 선은 전기 연결선이고, 오른쪽 선은 접지선이다. 가운데 선과 왼쪽 선은 단색이고, 오른쪽 선은 녹색과 황색 2가지 색으로 되어 있다.

그림1

접지선이란 전열 기구에 흐르는 미세한 전류를 땅속으로 흘려보내는 선을 말한다. 기계를 사용할 때 간혹 이유 없이 감전되는 경우가 있는데, 이는 대부분 누전이 되거나 접지가 되어 있지 않아서 일어나는 현상이다. 접지미비에 따른 감전은 대부분 가볍게 느껴지지만, 때에 따라서는 대단히 위험할 수도 있으므로 꼭 접지선을 연결해야 한다.

그림 2

플러그도 〈그림2〉처럼 접지 플러그를 사용해야 안전하며, 콘센트 또한 〈그림3〉처럼 접지가 가능한 접지 콘센트를 사용해야 한다.

여의치 않을 경우에는 금속 재질의 수도관에 접지선을 연결하면 된다. 수도관은 땅속으로 이어져 있기 때문에 접지선 역할을 할 수 있다. 그러나 이는 임시방편일 뿐 권장할만한 방법은 아니다.

그림 3

380V 3상

용량이 높은 기계에 많이 사용하며, 전기선은 5가닥을 사용한다.

2그룹 이상의 커피기계 대다수는 〈그림4〉와 같이 380V와 220V 겸용인 5선을 많이 사용한다. 〈그림4〉에서 왼쪽으로부터 두 번째, 세 번째, 네 번째 선은 380V 선이고, 첫 번째 청색선은 110V 전기선, 다섯 번째는 접지선이다. 첫 번째와 두 번째 선을 연결하면 220V가 된다. 마찬가지로 첫 번째

그림 4

그림 5

와 세 번째, 네 번째 선을 연결해도 220V가 된다. 이렇게 5가닥의 전기선을 이용하면 각 부품별로 별도의 전기를 공급할 수 있기 때문에 에너지 효율이 높아진다. 안정적인 전원 공급으로 커피기계도 더욱 안정적으로 사용할 수 있으며, 전기료도 절감할 수 있다. 현장에 380V 전기가 설치되어 있지 않은 경우에는 〈그림5〉와 같이 두 번째, 세 번째, 네 번째를 묶고 첫 번째 청색과 연결하여 220V 단상으로 사용할 수도 있다.

차단기의 용량

그림 6

용량이 큰 기계를 사용할 때는 〈그림6〉과 같은 차단기를 쓰는 것이 좋다. 반자동 커피기계(2그룹~4그룹)를 사용할 때 전류는 보통 30A를 사용하는 것이 기본이다. 〈그림6〉에 적혀있는 '20' 또는 '30'이라는 숫자는 전류를 나타낸 것이다.

전력(W)은 전류(I) × 전압(V)이므로, 커피기계가 5KW이고 전압이 220V이면 전류는 5KW를 220V로 나눈 수치, 즉 약 23A가 된다.

그러므로 차단기는 30A 제품을 사용해야 한다. 만약 20A의 차단기를 사용하면 〈그림6〉 기계보다 낮기 때문에 차단기가 내려가게 된다.

모든 플러그도 〈그림7〉과 같이 V와 A로 표시되어 있으므로 두 숫자를 곱하면 쓸 수 있는지 없는지를 알 수 있다.

그림 7

일반적인 전력은 2그룹 4.5KW, 3그룹 5KW, 4그룹 5.8KW이므로 W(전력)=V(전압)×A(전류)의 공식에 의해 전압이 220V인 경우 차단기는 30A라는 계산이 나온다. 이 때 전력은 220V×30A=6600W(6.6KW)가 된다.

체크포인트13) 전압/전류/전력의 상관관계

220-240V AC
정격전압이 교류 220V에서 240V 사이에서 정상 동작함.

50/60Hz
교류전압의 주파수가 50Hz 또는 60Hz에서 정상 동작함.

우리나라의 가정용 전압은 220V 60Hz인 교류전압을 사용하는데 이는 각 나라마다 약간씩 다르다. 미국은 120V, 일본은 100V, 호주는 240V를 사용하며 모두 교류전압이다. 주파수도 나라별로 달라서 일본은 50/60Hz, 미국은 60Hz, 유럽은 50Hz를 사용한다.

전기제품들은 교류전압을 직접 사용하지 않고 기기 내부에서 직류로 바꿔서 사용한다. 대개의 대형 전기제품들은 내부에 이런 회로가 내장되어 있어 가정용 콘센트에서 바로 전원을 입력해주지만, 소형 전기제품들은 이런 회로를 내부에 내장하지 않고 별도로 어댑터를 통하기도 한다.

어댑터

소비전력(W)은 한 전기기구가 동작하는데 필요한 전력으로, 기본적으로 '전력(W)=전압(V)×전류(A)'의 공식에 의해 결정된다.

소비전력량(WH)은 소비전력(Wat)에 시간(Hour)을 곱한 것으로, 이 전력량을 가지고 전기요금을 계산하게 된다.

예를 들어 200W의 소비전력을 사용하는 컴퓨터를 1시간 동안 사용했다면 소비전력량은 200WH가 된다. 만일 한 달간 사용했다면 소비전력량=200W×1시간×30일=6000WH=6KWH 만큼의 전기를 사용했다는 계산이 나온다.

보통 가정에서 한 달간 사용하는 전력량은 300KWH 정도이며, 실제 전기요금도 300KWH가 넘어가면 누진요금이 적용되어 비싸진다.

Coffee Machine 7 — 각 부분의 명칭과 역할

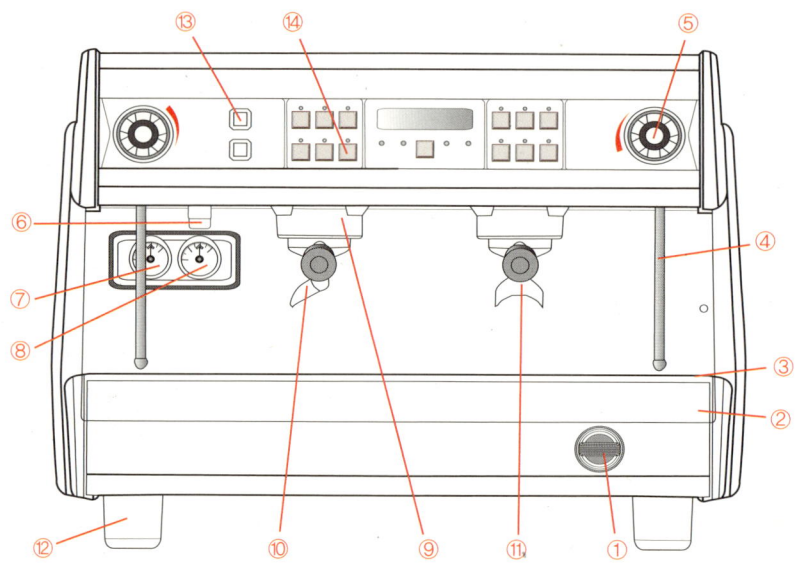

체크포인트14) 커피머신 각 부분의 명칭과 역할

1. Main Switch
   기계에 전원을 공급하는 스위치
2. Drip Tray
   물을 받아 배수로 흘려주는 배수 받침대
3. Drip Tray Grill
   커피 추출시 컵을 놓는 컵 받침대
4. Steam Pipe
   스팀이 나오는 스팀노즐
5. Steam Valve
   스팀 사용시 스팀을 열어주는 밸브
6. Hot Water Dispenser
   추출시 온수가 떨어지는 추출구
7. Water Pressure Manometer
   펌프의 압력을 표시해 주는 압력 게이지
8. Boiler Pressure Manometer
   보일러의 압력을 표시하는 압력 게이지
9. Dispensing Group Head
   커피 물이 데워지고 커피를 추출하는 곳
10. One-Cup Filter Holder
    1잔 추출용 필터홀더(6~7g 사용)
11. Two-Cup Filter Holder
    2잔 추출용 필터홀더(12~14g 사용)
12. Adjustable Foot
    기계 받침 발
13. Hot Water Dispensing Buttons
    온수 추출버튼
14. Coffee Control Buttons
    커피 추출버튼

메인 스위치 Main Switch

기계에 전원을 공급하는 스위치이다. 스위치에 숫자가 "0"으로 표시되면 "OFF" 상태이고, 오른쪽으로 돌려 숫자"1"이 표시 되면 기계가 "ON" 상태가 된다. 이 전원 공급 스위치는 각 기계 마다 조금씩은 차이가 있으나 기계에 전원을 공급하고 차단하는 역할을 한다.

드립 트레이 Drip Tray

기계에서 떨어지는 물을 받아 배수로 흘려주는 배수 받침대로, 기계에서 떨어지는 모든 여유분의 물들이 흘러 내려가는 곳이다.

마감 시 기계에서 분리하여 물로 깨끗이 청소해서 보관한다. 만일 사용 중에 드립 트레이에 찌꺼기가 많이 있으면 물을 부어 찌꺼기를 배수로 흘려보내면 청결을 유지할 수 있다.

드립 트레이 밑에 있는 배수통은 커피 찌꺼기가 항시 흘러 내려가는 곳이므로 찌꺼기가 쌓일 수 있기 때문에 마감시 물을 부어 찌꺼기가 쌓이지 않도록 청소를 같이 해주어야 막히는 경우가 생기지 않는다.

드립 트레이 그릴 Drip Tray Grill

커피 추출 시 컵을 놓는 컵 받침대이다.

드립 트레이 그릴은 컵을 올려놓는 곳이므로 항상 청결히 유지해야 한다. 영업 중에는 행주로 자주 닦아 주고 마감 시에는 분리를 해서 물로 깨끗이 씻어 주면 된다. 만일 드립 트레이 그릴에 이물질이 많이 묻어 있다면 커피 잔 받침에 그대로 자국이 남게 될 것이다.

스팀 파이프 Steam Pipe

기계에서 스팀이 추출되는 노즐이다.

스팀노즐은 우유를 데울 때 사용되는 부분으로 매우 뜨거우므로 조심해야 하며, 우유를 사용하기 때문에 청결한 상태가 되도록 각별히 사용법을 숙지해야 한다. 스팀노즐은 구멍이 3~5개 있는 것이 주로 사용된다. 우유를 데울 때 사용되는 우유 양에 따라 노즐의 구멍을 선택하면 된다. 600ml의 용기를 사용할 때는 3개짜리가 사용하기가 쉽고, 900~1200ml를 사용할 경우에는 4개짜리가 편리하다.

스팀노즐은 우유를 데우는 역할을 하므로 청결이 무엇보다 중요하다. 따라서 스팀 사용 후에는 먼저 스팀밸브를 열어 스팀을 빼주어야 한다. 또 우유가 노즐 안쪽에 남아 있기 때문에 바로 밸브를 열어 우유를 제거해야 한다. 우유를 빨리 제거해주지 않으면 우유가 안에서 굳어 스팀이 점점 약해지는 현상이 일어날 수 있다.

스팀밸브를 열면 스팀노즐에 남아있는 우유가 튀어나온다. 행주를 이용하지 않고 그냥 스팀 밸브를 열어주면 주위가 지저분하게 된다. 스팀밸브

를 열어 청소 한 후에는 스팀노즐에 묻어 있는 우유를 젖은 행주로 깨끗이 닦아준다.

영업 마감시에는 용기에 물을 담아서 스팀노즐을 담가두었다가 다음 날 아침에 청소하는 경우도 있다. 이 방법은 굳어 있는 우유 찌꺼기를 불림으로써 더욱 쉽고 깨끗하게 청소하기 위함이다.

   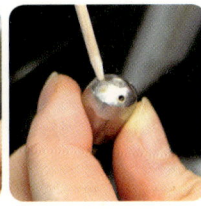

스팀노즐은 우유를 사용하는 곳이므로 사용 후에 잘 닦아주어야 하고 스팀이 나오는 노즐 끝부분을 분리해서 청소를 해주어야 좋다. 노즐 끝에 우유 찌꺼기가 굳어 있어서 잘 분리되지 않는 경우가 많이 있으므로 노즐을 분리할 때는 공구를 이용하는 것이 좋다.

또한 노즐 안쪽에도 우유 찌꺼기가 남아 있을 수 있으므로 작은 솔을 이용해서 청소를 해준다.

스팀이 나오는 구멍은 노즐보다 더 약한 재질의 기구를 이용해서 구멍에 있는 찌꺼기를 제거해 주어야한다. 만일 오른쪽 그림처럼 금속재질의 기구를 이용한다면 노즐의 구멍이 점점 커지게 된다. 노즐 구멍이 커지면 스팀이 너무 강하게 나와 우유를 데우기가 힘들어질 수 있다.

스팀 밸브 Steam Valve

스팀을 사용할 때 스팀을 열어주는 밸브이다. 일반적으로 손잡이를 시계 반대방향으로 돌리면 스팀이 나오고 시계방향으로 돌리면 멈춘다.

스팀밸브는 사용하는 기계에 따라 약간의 차이가 있다. 그러므로 자기가 사용하는 기계의 스팀간격을 항상 체크하고 사용범위를 알고 있어야 편리하게 사용할 수 있다.

온수 디스펜서 Hot Water Dispenser

뜨거운 물을 추출하는 추출구이다.

온수 디스펜서는 보일러에 있는 물이 직접 나오는 곳이므로 가끔 보일러에 고여 있는 이물질이 같이 나와 이곳에 쌓여 있을 수 있다. 그러므로 위 그림과 같이 주기적으로 분리를 해서 청소를 해주어야 한다.

펌프 압력계 Water Pressure Manometer

커피 추출시 펌프의 압력을 표시해 주는 펌프압력 게이지이다.

펌프게이지는 커피가 추출되는 압력을 표시해 주므로 항상 점검하여 정상적인 상태를 유지해야 한다. 펌프게이지 확인 방법 또한 숙지하고 있어야 한다.

기계마다 약간의 차이는 있으나 펌프게이지는 일반적으로 0~15의 숫자로 표시되어 있으며, 기계마다 사용 가능한 범위가 부채꼴 모양(녹색 또는

기타 색)으로 표시되어 있다. 그러므로 바리스타는 이 게이지를 보면서 원하는 펌프의 압력을 조절해서 사용하면 된다. 정상범위보다 높을 경우(바늘이 적색으로 갈 때)는 다른 부품에 영향을 줄 수 있으므로 필히 펌프를 점검하여 정상범위로 조절해야 한다.

펌프게이지는 반드시 기계를 작동시킨 후에 확인해야 한다. 멈추어 있는 상태에서 표시되는 수치가 아니라 작동되고 있을 때 표시되는 수치가 바로 현재의 펌프압력을 나타낸다.

보일러 압력계 Boiler Pressure Manometer

스팀온수 보일러의 압력을 표시하는 스팀압력 게이지이다. 이 보일러 압력계는 보통 0~3 단계의 숫자로 표시되어 있다.

기계가 OFF 상태에서는 바늘이 0에 위치한다. 기계가 정상적으로 가동되면 바늘은 1~1.5 사이를 유지한다. 이 때 만일 바늘이 적색에 오면 압력이 너무 높다는 표시이므로 즉시 점검을 받아야 한다.

매일 기계를 사용하기 전에 펌프압력 게이지와 보일러 압력 게이지를 확인하여 펌프와 보일러 압력을 점검한 후 게이지가 정상적일 때 기계를 사용하는 것이 바람직하다. 일반적으로 이 두 가지는 같은 위치에 있다.

그룹 헤드 Dispensing Group Head

데워진 물과 압력을 이용하여 커피를 추출하는 장치로 에스프레소 커피 머신의 핵심부분 중 하나다. 그룹의 숫자에 따라 1그룹, 2그룹, 3그룹 등으로 구분된다. 그룹은 커피물이 최종적으로 통과하는 곳이므로 온도 유지가 매우 중요하다. 또 그룹의 종류에 따라 예열방법이나 시간이 다를 수 있으므로 각 기계의 특성을 잘 숙지해 둘 필요가 있다.

그룹의 구분

그룹의 형태는 일반적으로 3가지로 구분된다. 독립 보일러 방식과 강제 가열 방식, 일반적인 방식 등이 그것이다.

독립 보일러 방식은 커피 보일러와 그룹이 붙어 있다. 그래서 커피물이 데워지면서 그룹이 같이 예열된다. 열이 빠르게 그룹으로 전달된다는 장점이 있다. 강제 예열 방식은 히터에 의해 그룹을 강제로 예열시키는 형태이다. 보일러와 상관없이 히터에 의해 별도로 가열되기 때문에 예열시간이 빠르다는 장점이 있으나, 온도가 높아 그룹의 오링이 빨리 경화된다는 단점도 있다.

일반적인 방식은 많이 사용되는 형태로, 보일러가 데워진 후 열이 관을 통해서 그룹으로 전달되는 구조로, 예열시간이 길다는 단점을 가지고 있다. 그러므로 이 방식의 기계는 계속 켜놓는 것이 바람직하다.

독립보일러 방식

강제가열 방식

일반적인 방식

그룹의 구조

그룹의 크기는 52~58mm 등으로 다양하다. 그룹은 기계마다 형태와 크기가 약간씩 다르지만 그 구조는 비슷하다.

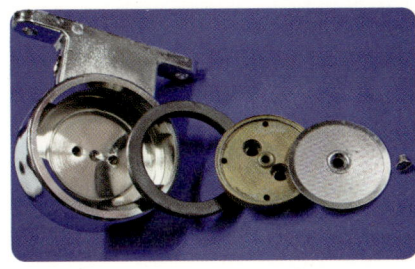 

크롬 도금 그룹 Chrome Body Group

온도 유지를 위해 두껍게 만들어지며, 재질은 동을 주로 사용한다. 동은 열전도율이 좋고 열을 품고 있는 성질이 강한 재질이다. 따라서 대다수 커피머신의 그룹 몸체는 동으로 만들어져 있다.

하지만 동은 공기와 접촉에 의해 부식이 일어날 수 있다. 그래서 동으로 만든 그룹에 크롬도금을 입혀 부식을 방지한다.

그룹은 에스프레소 커피머신에서 매우 중요한 핵심장치로, 보일러의 뜨거운 물이 첫 번째로 통과하는 부분이다. 이때 떨어지는 물줄기는 위 오른쪽 그림처럼 강하게 한 줄로 떨어진다.

그룹 개스킷 Group Gasket

커피 추출시 추출압력이 밖으로 새는 것을 막아주는 역할을 한다. 따라서 교환시기를 잘 결정하고 적절한 때에 교환해 주어야 양질의 에스프레소를 얻을 수 있다. 교환시기와 방법은 다음과 같다.

체크포인트15) 그룹 개스킷의 교환시기

필터홀더를 그룹에 장착했을 때 그룹 개스킷의 탄력이 느껴지지 않거나 정면으로부터 수직이 되지 않을 때, 추출 시 옆으로 물이 샐 때 교환한다.

필터홀더를 장착했을 때 정면에서 너무 많이 우측으로 돌아가는 경우, 그룹 개스킷이 마모되어 가운데 홈이 생길 경우 교환해주어야 그룹 몸체와 필터홀더에 영향을 주지 않는다.

체크포인트15) 그룹 개스킷의 교환방법

그룹 개스킷을 교환할 때는 송곳을 이용해서 마모된 그룹 개스킷을 빼내고 필터홀더를 이용해서 정상적인 그룹 개스킷을 끼워 넣으면 된다. 그룹 개스킷은 에스프레소 추출에 있어 중요한 부분이므로 항상 점검하여 이상이 없도록 유지해 주어야 한다.

샤워 홀더 Shower Holder

샤워 홀더는 샤워를 고정시켜 주는 역할을 한다.

또 크롬 도금 그룹에서 한 줄기로 나온 물을 여러 가닥으로 나누어 주는 역할도 담당한다. 크롬 도금 그룹에서 강하게 떨어지는 물을 여러 가닥으로 나눔으로써 압력을 분산시킨 상태에서 샤워로 보낸다.

청소 전

청소 후

샤워홀더는 커피와 접촉이 일어나는 부분으로 커피오일이 쌓여 좋지 않은 냄새를 발생시킬 수 있다. 그러므로 특히 청소에 신경을 많이 써야 한다. 청소는 매일 해주고, 최소한 1주일에 한 번씩은 세제로 청소를 해야 청결을 유지할 수 있다.

샤워 Shower

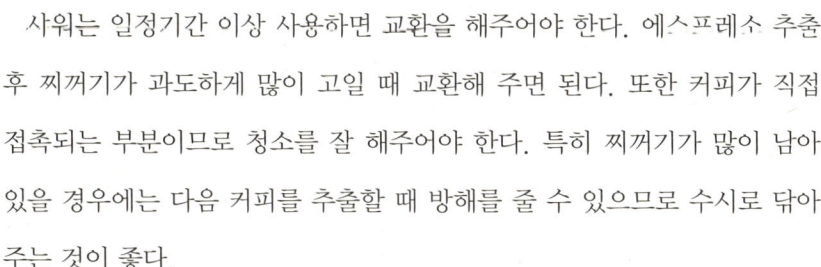

필터홀더에 담겨 있는 커피에 직접 물을 분사하는 부분으로, 샤워 홀더에서 여러 가닥으로 분산된 물줄기를 커피 표면 전체에 고르게 분사시켜 주는 역할을 한다.

샤워는 일정기간 이상 사용하면 교환을 해주어야 한다. 에스프레소 추출 후 찌꺼기가 과도하게 많이 고일 때 교환해 주면 된다. 또한 커피가 직접 접촉되는 부분이므로 청소를 잘 해주어야 한다. 특히 찌꺼기가 많이 남아 있을 경우에는 다음 커피를 추출할 때 방해를 줄 수 있으므로 수시로 닦아주는 것이 좋다.

샤워는 1주일에 한 번씩은 샤워홀더와 같이 세제로 청소해주는 것이 바람직하다. 샤워에 찌꺼기가 많이 끼어 있을 경우에는 커피의 오일냄새로 말미암아 커피 고유의 맛과 향을 느낄 수 없게 된다.

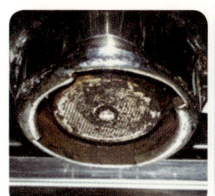

청소 전
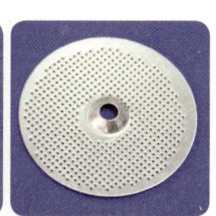
청소 후

고정 나사 Screw for Shower

샤워를 고정시키는 나사로, 육각이나 십자, 일자 나사로 되어있다.

고정 나사는 주기적으로 분리를 해서 샤워홀더와 샤워를 청소할 때 같이 청소해 주는 것이 좋다. 청소할 때는 청소솔 등으로 나사의 홈에 끼어있는 커피 오일성분을 완전히 제거해야 다음 청소할 때 분리하기 쉽다.

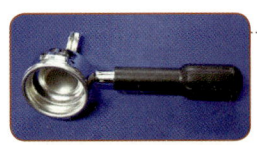

1컵 필터홀더 One-Cup Filter Holder

에스프레소 추출시 1잔을 추출하기 위해 사용되는 필터홀더이다.

2컵 필터홀더 Two-Cup Filter Holder

에스프레소 추출시 2잔을 동시에 추출하기 위해 사용하는 필터홀더이다.

필터홀더의 관리

필터홀더는 커피머신의 핵심장치로 커피맛을 좌우한다고 해도 과언이 아니다. 따라서 항상 적정온도를 유지해야 양질의 에스프레소를 얻을 수 있다.

그림(1), (2)는 좋지 않은 보관방법으로 온도 유지가 어렵다. 따라서 (3)번의 방법처럼 기계에 장착해서 보관해야 온도를 유지할 수 있다. 또 최종적으로 커피의 추출이 이루어져 커피잔에 떨어지는 단계인 만큼 관리와 청소에 각별히 신경을 써야 한다.

①

②

③

받침대 Adjustable Foot

기계 받침 발. 말 그대로 기계를 지탱하는 발이다.

기계의 높이와 수평이 맞지 않는다면 이 받침대를 돌려 높이와 수평을 맞출 수 있다. 대개 기계의 받침대는 나사식으로 되어 있다.

온수 추출버튼 Hot Water Dispensing Buttons

온수 추출버튼이다. 에스프레소를 희석하여 아메리카노를 만들 때는 물론, 컵을 급하게 데울 때에도 유용하게 사용된다.

커피 컨트롤 버튼 Coffee Control Buttons

커피 추출버튼을 말한다. 대개의 경우 소량 추출버튼, 대량 추출버튼, 연속 추출버튼 등으로 구성되어 있다.

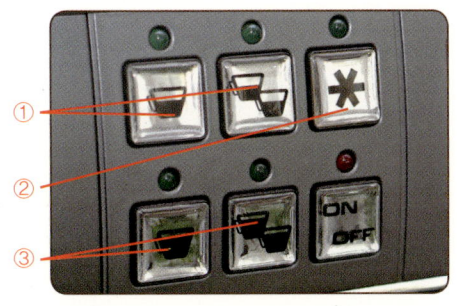

1. 적은 양을 추출하는 에스프레소 버튼. 1잔 그림은 1잔, 2잔 그림은 2잔을 각각 추출한다.
2. 연속추출 버튼, 수동으로 작동한다.
3. 많은 양의 커피를 추출할 때 사용하는 에스프레소 버튼. 1잔 그림은 1잔, 2잔 그림은 2잔을 각각 추출한다.

체크포인트17) 샤워홀더 청소방법

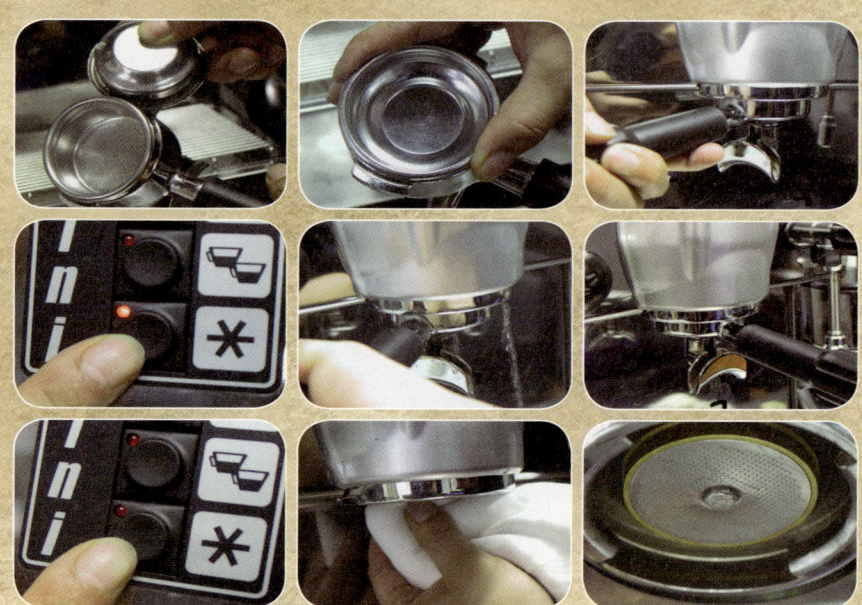

일일청소 : 매일 마감할 때 샤워 홀더와 샤워를 청소한다.

1. 필터 홀더에서 필터를 분리시킨다.
2. 청소용 필터를 필터홀더에 결합한다.
3. 그룹에 필터홀더를 장착한다. 이때는 완전히 결합하지 말고 압이 빠지지 않을 정도로만 살짝 끼워 분리하기 좋게 유지한다.
4. 연속추출 버튼을 누른 후 필터홀더에 압력이 찰 때까지 3~5초 기다린다.
5. 3~5초 후에 필터홀더를 그룹에서 분리하고 장착하는 동작을 10회 정도 번갈아 해주면서 청소한다. 이때 필터홀더에 차 있던 압력에 의해 물이 그룹 주위로 역류해서 그룹 주위와 샤워홀더, 샤워의 찌꺼기를 청소하게 된다.
6. ⑤번 동작이 끝나면 필터홀더를 장착한 다음 5초 정도 기다린다. 완전히 장착하면 필터홀더에 압력이 생기게 된다.
7. ⑥번 동작을 통해 압력이 생기면 기계의 동작을 멈춘다. 기계가 동작을 멈추면 압력이 역류하면서 남아 있는 찌꺼기를 배수구로 배출시키게 된다.
8. ⑦번 동작이 끝난 다음 필터홀더를 분리하여 젖은 행주로 깨끗이 닦아준다.
9. 깨끗이 청소된 샤워홀더와 샤워의 모습.

체크포인트18) 샤워 청소방법

세제청소 : 1주일에 한 번 정도는 샤워홀더와 샤워를 분리해서 세제로 청소해야 양질의 에스프레소를 얻을 수 있다.

1. 공구를 이용해서 나사를 푼다.
2. 샤워홀더와 샤워를 그룹에서 분리시킨다.
3. 뜨거운 물에 커피기계 전용세제를 푼다.
4. 샤워홀더와 샤워를 세제물에 넣는다.
5. 세제에 의해 샤워 홀더와 샤워에 있는 찌꺼기들이 분해된다.(반드시 커피전용 세제를 사용해야 커피 찌꺼기가 분해된다.)
6. 샤워홀더와 샤워는 저녁에 세제에 넣어 두었다가 아침에 청소를 하는 것이 좋다. 찌꺼기 분해가 완전히 이루어지면 흐르는 물에 깨끗이 씻어 준다.
7. 청소가 끝난 샤워홀더와 샤워.
8. 청소 후에는 먼저 손으로 샤워홀더와 샤워를 나사로 살짝 그룹에 결합한다.
9. 손으로 결합한 후 공구를 이용해서 그룹에 완전히 장착한다.

체크포인트19) 필터홀더의 구성과 관리

1. **필터홀더 (Filter Holder)**
   열을 유지하기 위해 일반적으로 동으로 만들어진다. 동은 열을 유지하는 성질은 강하나 공기와 접촉하면 부식되기 때문에 크롬으로 도금을 한다.
2. **필터홀더 손잡이 (Filter Holder Knob)**
3. **필터홀더 스프링 (Filter Holder Spring)**
   필터 고정 스프링. 필터가 잘 빠지지 않게 고정시켜 주는 스프링이다. 이 스프링은 자주 사용하면 마모되어 필터가 잘 빠지는 현상이 발생한다. 이런 경우에는 스프링을 교환하지 말고 약간 교정하면 재사용이 가능하다. 필터홀더 스프링은 교정을 통해 재사용이 가능한 부품이다.
4. **1컵 필터 (1 Cup Filter)** : 1잔 추출용 필터
5. **2컵 필터 (2 Cup Filter)** : 2잔 추출용 필터
6. **2컵 스파우트 (2 Cup Spout)** : 2잔 추출용 추출구
7. **1컵 스파우트 (1 Cup Spout)** : 1잔 추출용 추출구

1~2컵 스파우트는 최종적으로 에스프레소가 나오는 곳이므로 항상 청결하게 사용해야 한다. 커피 추출동작 중에는 깨끗한 곳에서 작업을 하고, 그룹에서 분리할 때는 드립 트레이 그릴이나 바닥에 닿지 않도록 주의해야 한다.

체크포인트20) 필터홀더와 필터 청소

일일청소
영업이 끝난 후 필터홀더와 필터를 분리를 해서 부드러운 청소용품으로 세척한다.

세제청소
커피머신 청소 전용세제를 물에 푼 후 필터홀더를 넣어 커피 찌꺼기를 분해시킨다. 일반적으로 영업이 끝난 이후에 세제에 넣고 아침에 물로 씻어 준 다음 커피를 2~3회 추출하여 세제 냄새를 없애주는 것이 좋다.

필터홀더와 필터 청소 전과 후의 모습

커피머신의 내부 구조와 관리법

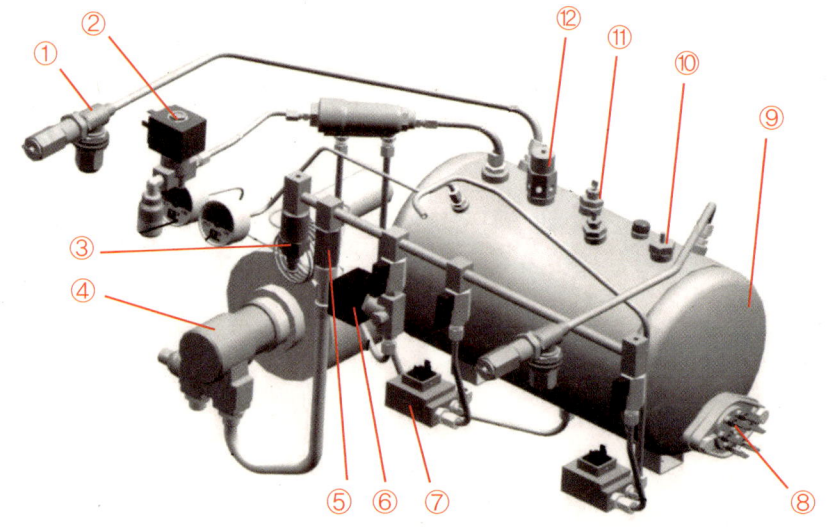

체크포인트21) 커피머신 내부의 구조와 명칭

1. 스팀밸브(Staem Valve)
2. 온수 전자밸브
3. 과수압 방지밸브
4. 펌프모터(Pump Motor)
5. 역류 방지밸브
6. 물 공급 전자밸브
7. 플로메터(Flow Meter)
8. 히터(Heater)
9. 보일러(Boiler)
10. 에어밸브(Vacum Valve)
11. 수위 감지봉
12. 과압력 방지밸브

스팀밸브 Steam Valve

스팀 사용 시 스팀의 개폐를 담당한다. 일반적으로 스팀밸브 손잡이를 돌리면 스팀이 나오기 시작한다. 버튼식 밸브도 있으나, 손잡이식 머신의 경우에는 밸브를 많이 돌리면 스팀이 강하게 나오고 조금 돌리면 약하게

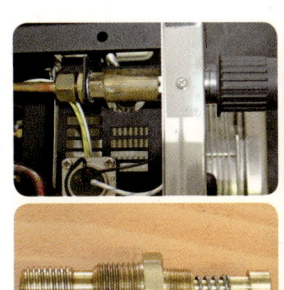  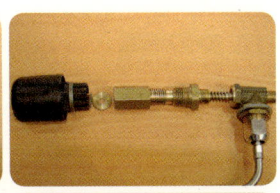

스팀밸브 스프링   밸브를 개방한 상태   밸브를 잠근 상태

나온다. 스팀의 이런 세기는 스프링에 의해 조절이 된다. 스팀밸브 손잡이를 시계 반대방향으로 돌리면 스프링이 당겨지면서 밸브가 열리고 시계방향으로 돌리면 스프링이 늘어나면서 밸브가 잠긴다.

만약 스팀밸브가 마모되면 위 오른쪽 그림처럼 스팀밸브를 완전히 잠근 상태에서도 스팀노즐에서 스팀이나 물이 새어나오게 된다. 이런 상태가 지속되면 보일러의 압력이 떨어지고, 압력이 떨어지면 다시 보일러를 가열해야 하므로 기계에 무리가 따르고 전기료가 많이 나오게 된다. 이때는 즉시 기술자에게 연락해서 수리하거나 교체해야 한다.

온수 전자밸브 Electromic Hot Water Valve

온수를 사용할 때만 작동하는 밸브다. 한 방향으로 되어 있기 때문에 입력과 출력만 제어할 수 있다. 자석의 원리를 응용한 장치로 온수 추출을 담당한다.

온수버튼을 작동하면 밸브의 코일에 전기가 공급되고 전자석의 원리에 의해 안에 있는 추가 당겨지면서 온수를 통과시킨다. 반대로 전기를 차단

유동추   코일

하면 스프링에 의해 다시 원위치하여 온수를 차단하게 된다. 유동추에서 스프링이 차단할 수 있는 압력은 10~11Bar 정도이다.

유동추가 불량일 경우에는 기계를 작동하지 않은 상태에서도 온수노즐을 통해 계속 물이 떨어지는 현상이 일어난다. 이때는 유동추가 오염되었거나 마모되었을 가능성이 크다.

온수전자 밸브에 이상이 생기면 반드시 전문기술자의 도움을 받아야 한다. 뜨거운 물이 들어있기 때문에 바리스타나 비전문가가 만지다가는 화상위험에 노출될 수 있다.

유동추를 작동시키는 것은 코일의 몫이다. 코일에 전기를 공급하면 전자석이 생겨 유동추가 움직이게 된다. 8~9W 정도의 전력이 소요되며, 24V용과 220V용 등 두 가지가 있다.

이 코일이 불량하면 기계는 작동되지만 온수는 추출되지 않는다. 이럴 경우에는 즉시 교체해야 한다. 코일을 교체할 때는 반드시 24V용인지, 아니면 220V용인지를 꼭 확인해야 한다. 만약 24V용 코일을 220V에 사용하면 코일이 타버리고, 220V용 코일을 24V에 사용하면 작동되지 않는다.

온수는 물량감지센서에 의해 작동되는 것이 아니라 메인 컨트롤보드에 입력된 시간에 따라 작동된다. 따라서 보일러의 압력정도에 따라 추출되는 온수의 양에 약간의 차이가 있을 수 있다.

과수압 방지밸브

일종의 안전밸브로, 공급되는 수압이 약 11Bar 이상이 되면 자동으로 작동한다.

스프링의 압력에 의해 대기상태를 유지한다. 만일 공급되는 수압이 높을 경우에는 10Bar 정도를 유지하는 전자밸브가 강제로 작동되어 보일러 및 물과 관련된 부품에 영향을 끼치게 되고, 이는 곧 심각한 기계고장의 원인으로 이어질 수 있다.

이를 방지하기 위하여 과수압 방지밸브가 장착되어 있다. 수압이 갑자기 높아질 때 이 과수압 방지밸브는 중요한 역할을 한다. 이 밸브는 과수압이 걸릴 때 작동하며 평상시에는 대기상태로 세팅되어 있다.

과수압 방지밸브에 불량이 생기면 펌프모터가 작동할 때마다 배수통drain tank으로 연결된 관에서 물이 계속 흘러나오게 된다. 이런 상태에서 커피를 추출하면 알맞은 입자의 커피를 적정량 투입하더라도 추출속도가 상당히 느려지면서 정상적인 에스프레소가 추출되지 않는다.

이러한 증상이 생기면 바리스타는 즉시 기술자와 상의를 하는 것이 좋다. 전문지식 없이 임의로 밸브의 압력을 조절하거나 분해할 경우 더 심각한 고장을 야기할 수 있다.

펌프모터 Pump Motor

커피를 추출할 때 정상적인 압력을 걸어주는 역할을 한다.

에스프레소 커피머신에서 추출되는 커피의 맛과 향을 결정하는 중요한 요소는 일정한 압력(7~9Bar)과 적당한 온도(90~95℃)다. 그 중에서 일정한 압력을 유지해 주는 중요한 부품이 바로 펌프모터다.

여기에서 말하는 일정한 압력이란 커피를 눌러 짜주는 일정한 힘, 즉 추출시 포터필터에 가해지는 압력을 지칭한다. 수돗물의 압력은 보통 1~2Bar정도인데, 이 정도의 압력으로 추출할 경우에는 '짜준다'는 표현보다는 '우려낸다'는 것이 적절할 것이다. 이런 경우는 맛과 향이 부족한 상태로 추출될 뿐만 아니라 크레마도 미약해진다.

이런 현상을 보완하기 위해 도입된 것이 바로 펌프모터다. 펌프모터는 1~2Bar의 수돗물을 7~9Bar의 압력으로 승압시켜 주는 역할을 한다. 이 펌프모터의 작용에 의해 일정한 압력이 유지되면서 풍부한 맛과 향을 지닌 에스프레소 커피를 추출할 수 있게 되는 것이다. 낮은 압력으로 추출할 경우 커피의 맛과 향이 제대로 나오지 않는다. 따라서 펌프모터는 사람으로 말하자면 심장과도 같은 역할을 담당하고 있다고 할 수 있다. 펌프모터는 크게 모터, 펌프헤드, 콘덴서, 연결고리 등 4개의 주요 부분으로 이루어져 있다.

1. 콘덴서
2. 모터
3. 모터와 펌프 연결고리
4. 펌프

모터 Motor

모터는 펌프가 물을 빨아들일 수 있도록 빠른 속도로 구동시켜 주는 역할을 한다. 이때 구동속도는 1300rpm(회전수) 이상이 보통이다. 1300rpm이란 1분에 1300번의 회전을 한다는 말이다. 모터 내부는 코일과 구동축으로 이루어져 있으며, 전자석의 원리에 의해 가동된다.

모터의 용량에 따라 커피를 추출할 수 있는 능력도 달라진다. 모터에서 일어나는 고장은 극히 드물지만, 가끔 코일이 단선되거나 무리한 작동으로 인해 코일이 타는 경우, 물이 들어가 구동축에 녹이 생기면서 불량이 되는 경우가 발생할 수 있다. 따라서 모터에 물이 떨어지지 않도록 주의해야 하며, 무리한 작동을 자제하고 기계의 용량에 맞게 사용해야 안전하게 쓸 수 있다.

펌프헤드 Pump Head

펌프는 모터의 회전에 의해 작동한다. 모터가 회전하면서 물을 빨아들여 압력이 증가하면 펌프헤드가 압력을 조절하게 되는데, 커피맛에 따라 7~9Bar의 압력을 유지하게 된다. 즉 수돗물이 펌프를 통과하면서 1~2Bar의 압력이 7~9Bar로 승압되는 것이다.

압력레벨을 조절하는 방법은 간단하다. 펌프에 있는 작은 육각나사 또는 일자(-)나사를 시계 방향(오른쪽)으로 돌리면 압력이 증가하고, 시계 반대 방향(왼쪽)으로 돌리면 압력이 감소한다.

바리스타는 펌프헤드의 압력을 조절할 수 있어야 한다. 커피머신과 커피의 종류, 추구하는 맛에 따라 최상의 압력은 달라질 수 있다. 따라서 에스프레소를 몇 차례 추출해 커피맛을 보면서 7~9Bar 중 가장 맛있게 추출되는 레벨을 선택하면 된다.

펌프의 압력을 조절할 때는 추출버튼을 작동시킨 상태에서 압력게이지를 보면서 조절해야 원하는 압력을 빠르고 정확하게 설정할 수 있다. 일반적으로는 9Bar의 압력을 가장 많이 사용한다.

펌프헤드에서 발생할 수 있는 불량은 다음과 같다.

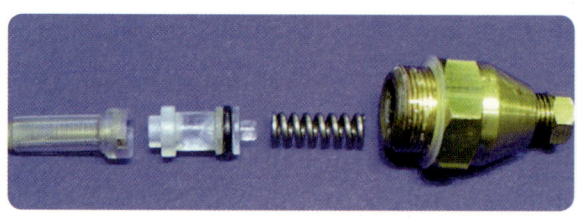

■ 펌프에서 압력이 조절되지 않는 경우

펌프 내부의 카본 로우터와 카본 실린더가 불량하면 압력조절이 어려워진다. 위 그림처럼 압력 조절부에 스케일이 많이 끼어 있는 경우에도 압력이 조절되지 않는다. 앞의 경우에는 전문가에게 의뢰해서 교체해야 하며, 후자인 경우에는 스케일을 제거하고 식용 윤활유를 바른 후 조립하면 된다.

■ 압력이 걸리지 않고 "웅" 소리만 나는 경우

펌프 내부의 카본 로우터와 카본 실린더에 스케일이 많이 축적되어 있을 경우 이런 현상이 발생한다. 이 증상을 확인하려면 위 오른쪽 그림처럼 펌프를 분리해서 손으로 돌려보면 된다. 그 결과 펌프가 잘 돌아가면 정상이고 잘 돌아가지 않으면 스케일이 낀 상태이다.

이때는 스케일 제거약품이나 소량의 연마제를 이용해서 스케일을 제거하고 손으로 돌려 잘 돌아가는지 확인한 다음 조립하면 된다.

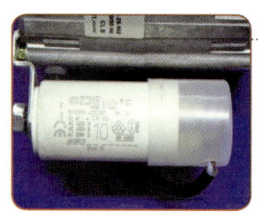

콘덴서 Condenser

콘덴서는 순간적인 방전을 통해 모터를 처음 가동시켜 주는 역할을 한다. 평상시에는 충전상태로 대기하고 있다가 모터를 기동할 때만 작동한다.

만일 전압이 규정보다 약하면 콘덴서의 충전이 원활하지 못해 모터를 기동하기가 힘들어지므로 항상 규정전압을 공급하는 것이 중요하다.

콘덴서의 상태가 불량해도 모터 기동력이 떨어져 모터가 돌아가지 않는다. 모터를 기동시키기 위해서는 순간적인 힘이 필요하고 그 역할을 콘덴서가 해주어야 하는데 콘덴서가 불량이면 모터는 돌지 않고 "웅" 소리만 나게 되는 것이다.

펌프모터의 관리

펌프모터는 커피 추출시 꼭 필요한 필수요소이므로 항상 주의를 기울여 관리해야 한다. 고장은 자주 발생하지 않으나 일단 문제가 발생하면 커피 추출 자체가 불가능하게 되므로 평소에 관심을 가지고 세심하게 관리할 필요가 있다. 펌프 모터에서 발생할 수 있는 주요 고장 증상은 다음과 같다.

① 커피 추출시 심한 소음이 나는 경우

이 증상은 물 공급이 부족하기 때문에 일어나는 현상이다. 이때는 먼저 수도밸브 개폐여부를 확인한 다음 연수기와 정수기를 확인하고 펌프모터 앞부분에 있는 필터를 점검해야 한다.

② 커피 추출시 펌프압력 게이지가 움직이지 않고 "웅" 소리만 나는 경우

앞에서와 같이 콘덴서가 불량일 경우와 펌프헤드에 스케일이 많이 끼어 있는 경우 이런 현상이 발생한다. 이럴 때는 먼저 콘덴서에 공급되는 전압을 점검하고 콘덴서 자체의 불량을 체크해서 조치를 취해야 한다. 콘덴서에 이상이 없을 경우에는 펌프모터에서 펌프헤드를 분리해 앞에서와 같이 스케일을 제거해주면 된다.

③ 펌프모터 작동은 잘 되는데 압력이 올라가지 않는 경우

펌프헤드 내부에 있는 카본 로우터와 카본 실린더가 파손되어 일어나는 증상이며, 이때는 펌프헤드를 교환해야 한다. 펌프모터의 심각한 고장을 사전에 방지하기 위해서는 평소에 다음과 같은 주의를 기울여야 한다.

① 규정에 맞는 전압의 전기를 일정하게 공급해야 한다.

② 단수 등으로 물이 공급되지 않을 때는 작동을 멈추어 준다. 건조한 상태로 작동을 하게 되면 과열로 인해 압력 불균형이 초래되면서 심각한 문제를 유발할 가능성이 커진다.

③ 펌프모터에 물이 떨어지지 않도록 주의해야 한다.

④ 펌프모터에 모래나 각종 이물질이 유입되지 않도록 한다. 이물질의 유입을 막기 위해서는 정수기 필터를 자주 교환해주는 것이 좋다.

역류방지 밸브

보일러의 물이 역류하는 것을 막아주는 역할을 한다.

역류방지 밸브는 뜨거운 물이 펌프로 흐르지 못하도록 막아주는 역할을 한다. 펌프에서 나온 물은 통과가 되지만 보일러에 있는 물은 역으로 통과하지 못하도록 막아준다.

이 역류방지 밸브에 이상이 생기면 물이 역류하게 된다. 이상유무는 기계작동을 5분 이상 멈춘 후 다시 작동해보면 알 수 있다. 이때 만일 첫 잔만

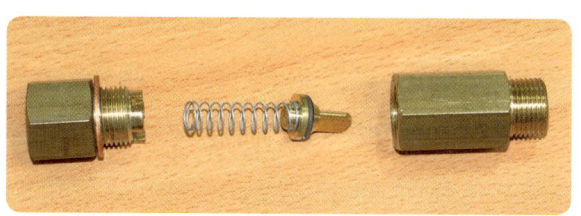

양이 틀리게 추출되고 그 이후에는 제대로 추출된다면 역류방지 밸브에 이상이 생긴 것이다.

이런 증상이 계속되면 펌프에 무리가 가서 펌프 수명이 단축된다. 또 처음 추출한 에스프레소를 버려야 하므로 커피 소모량도 많아지게 된다. 따라서 이상이 감지되면 빨리 기술자에게 연락해서 점검을 받아야 한다.

물 공급 전자밸브

스팀온수 보일러에 물을 공급하고 차단하는 역할을 한다. 이 밸브의 구조는 앞에서 알아본 온수추출 전자밸브와 같다.

이 전자밸브는 스팀온수 보일러에 물을 공급할 때 작동하며, 냉수의 유입을 자동으로 통제하게 된다. 스팀온수 보일러에 물이 부족하면 전원이 공급되면서 밸브가 열리고 냉수가 공급된다. 보일러에 물이 차면 전원이 차단되고 밸브가 닫히면서 물 공급이 차단된다. 스팀온수 보일러 물 공급 전자밸브에서 일어날 수 있는 고장은 밸브의 코일이 불량인 경우와 유동추가 오염된 경우가 있다.

만일 코일이 불량이면 물 공급이 제대로 이루어지지 않기 때문에 즉시 코일을 교체해야 한다. 유동추가 오염되었을 때는 기계가 작동되지 않더라도 계속해서 보일러로 물이 공급되는 현상이 발생한다. 밸브에서 물을 완전히 차단해주지 못하기 때문에 그 틈으로 냉수가 계속해서 유입되면서 보일러에 물이 과도하게 차게 된다.

이때는 수도밸브를 잠그고 기술자에게 신속히 연락하는 것이 좋다. 만일 수도를 잠그지 않으면 기계의 전원과는 무관하게 계속해서 물이 공급되고 결국 보일러의 물이 넘치게 된다.

플로메터 Flow Meter

에스프레소를 추출할 때 물의 양을 감지하는 센서이다. 센서와 유동자석, 본체 등으로 구성되어 있다.

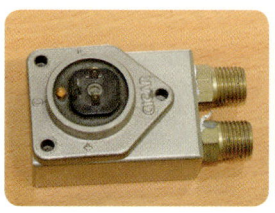
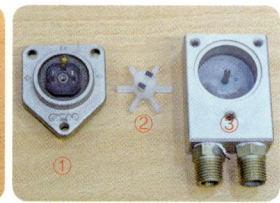

1. 물량감지 센서
2. 물량감지 유동자석
3. 본체

물량감지 센서

통과된 물량을 감지해서 컨트롤 보드로 전달해주는 역할을 한다. 물량은 유동자석의 회전수에 의해 감지된다. 이 센서에 문제가 생겨 물량감지가 이루어지지 않으면 에스프레소를 추출할 때 물이 계속 나오는 현상이 발생한다. 이때 머신의 추출버튼은 점멸한다. 이런 현상이 생기면 즉시 센서를 교환해야 한다.

물량감지 유동자석

물이 공급될 때 회전하며, 윗 부분에 있는 자석이 센서에 신호를 보내게 된다. 이 부분이 고장나거나 자력이 떨어지면 물량감지가 정상적으로 이루어지지 않는다. 이때에도 즉시 교환해주어야 한다.

본체

플로메터 본체로 냉수가 통과하는 곳이다. 물은 아주 작은 구멍으로 들어와서 물량감지 유동자석을 회전시키면서 다시 큰 관으로 빠져 나간다.

플로메터는 에스프레소 추출시 물량을 감지해주는 역할을 하므로, 바리스타는 정상적인 상태를 기억하고 있다가 이상이 발생하면 바로 증상을 기술자에게 알려야 한다. 물이 흘러가는 부분이므로 임의로 분해를 할 경우 안전에 문제가 생길 수 있다.

히터 Heater

히터는 보일러의 물을 데우는 역할을 한다.

커피머신의 보일러에 사용되는 히터는 수식히터다. 수식히터란 물속에서 발열하는 히터를 말한다. 이 히터는 물 밖에서는 부식이 일어나기 때문에 항상 보일러의 수위를 확인해야 한다. 히터의 재질은 동(銅)으로 되어있다.

히터는 물속에 잠겨있기 때문에 부식되거나 곰팡이가 낄 염려는 덜하다. 그러나 스케일이 많이 낄 수 있으므로 연수기 청소나 정수기 필터교환 등을 통해 스케일을 최대한 억제해 주는 것이 좋다. 또 1~2년에 한 번씩 보일러를 청소할 때 스케일 제거작업을 병행해 주어야 한다. 히터에 스케일이 많이 끼면 발열에 지장을 초래한다. 발열이 잘 안되면 일정한 온도유지가 어려워지기 때문에 커피 맛의 변화를 초래하게 된다.

히터의 종류

히터는 대개 1~6KW 용량을 많이 사용한다.

1그룹 커피머신의 경우에는 보통 1~3KW용량의 단일히터가 장착되어 있으며, 2그룹 이상은 주로 3~6KW 용량의 3개짜리 히터를 사용한다. 1개짜리 히터는 끊어지면 물이 데워지지 않는다. 3개짜리는 하나가 끊어져도 물은 데워지지만 시간이 오래 걸린다.

  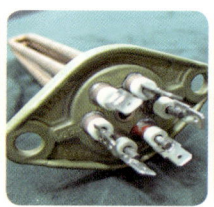 

히터를 교환할 때는 기술자에게 의뢰해야 안전하다. 고열이 발생하므로 임의로 만질 경우 화상을 입거나 감전될 수 있으므로 특히 주의해야 한다.

히터는 보일러에 부착되어 있다. 이 때문에 오래 사용하면 개스킷이 부식되어 물이 새는 현상이 발생할 수 있다. 이럴 경우에는 누전의 위험이 있기 때문에 가급적 빠르게 교환해주어야 한다. 또 습기에 노출되거나 물이 떨어지지 않도록 항상 주의를 기울여야 한다.

과열방지 바이메탈 Bimetal

과열방지 바이메탈은 히터의 과열을 방지해주는 부품이다. 쉽게 말해 누전차단기와 같은 원리의 과열방지 차단기라고 할 수 있다.

과열방지 바이메탈은 히터가 과열되어 손상되는 것을 미연에 막아준다. 이 바이메탈이 작동하면 일단 전원이 차단되므로 기계 재가동을 위해서는 수동으로 복귀시켜 주어야 한다. 이때는 보일러의 상태, 히터나 압력S/W의 이상유무를 확인한 다음 이상이 없을 경우 원상태로 복귀시켜주면 된다.

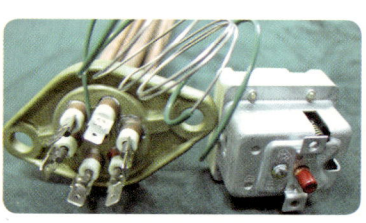 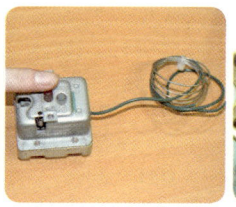 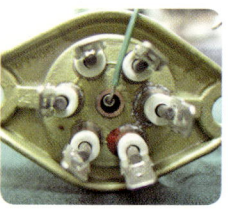

  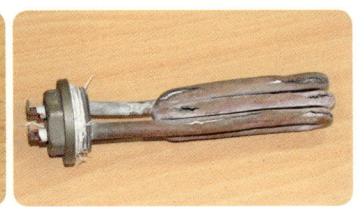

과열방지 바이메탈이 작동했다는 것은 바이메탈 자체의 결함이 아니라 보일러의 온도가 기준보다 높다는 것을 의미한다. 바이메탈을 복귀시킬 때는 보일러 상태를 꼼꼼하게 점검하고 문제점을 개선한 후 복귀시켜야 바이메탈의 작동을 최소화할 수 있다.

수동복귀 방법은 간단하다. 그림 같이 손으로 가운데 부분의 붉은색 단추를 눌러서 딱 소리가 나면 원위치로 복귀된 것이다. 히터와 과열방지 바이메탈을 연결할 때는 히터 중앙의 뚫어진 구멍으로 열감지부를 깊숙이 넣어주면 된다.

용량이 작은 보일러에는 주로 소형 과열방지 바이메탈이 사용된다. 보일러에 직접 부착해서 과열여부를 감지하며, 작동방식과 기능, 관리법은 앞과 동일하다.

히터는 열과 밀접한 관련이 있는 부품이다. 단수가 발생하거나 물이 없는 가운데 무리하게 사용할 경우에는 히터가 파손될 수 있다. 특히 커피머신의 보일러 히터는 수냉식이기 때문에 물이 없을 경우에는 히터가 파손될 가능성이 높다. 일단 히터가 파손되면 수리가 불가능하기 때문에 교환이 불가피해진다. 물론 교환이 완료될 때까지 커피머신 작동도 불가능하다.

히터를 교환할 때는 보일러를 완전히 청소해야 하므로 시간이 많이 걸리고 비용도 많이 든다. 따라서 물이 없는 상태에서는 절대로 기계를 작동시키지 말아야 한다.

보일러 Boiler

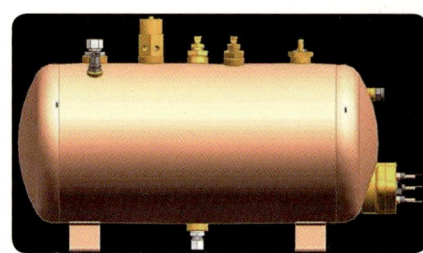 

커피머신에 있어서 보일러는 '발전소'와 다름없다. 전기를 이용해 물을 가열함으로써 온수와 스팀이 만들어지며, 커피 추출에 필요한 온도와 압력도 여기에서 생성된다. 그 중에서도 스팀온수 보일러는 스팀과 온수를 만드는 역할을 하고, 커피보일러는 커피 추출시 필요한 물을 공급하는 역할을 담당한다.

커피머신의 보일러에는 일체형 보일러와 독립형 보일러가 있으며, 본체는 대개 동(銅)으로 만들어져 있다. 흔히 '구리'라고 말하는 동(원자기호는 CU)은 연성(延性)과 전성(展性)이 풍부하고 전기와 열의 전도성이 뛰어나며 열을 품고 있는 성질이 강한 금속이다.

동으로 된 보일러는 열전도율이 높은 반면 공기와 접촉하여 부식되거나 곰팡이가 낄 수 있다는 단점도 동시에 지니고 있다. 따라서 동보일러를 장착한 커피머신의 경우에는 가급적 24시간 켜두는 것이 좋다고 알려져 있다.

동 재질의 이런 특성을 살리고 부식을 방지하기 위해 요즈음에는 표면을 크롬으로 도금해서 만든 보일러를 사용하기도 한다. 니켈이나 크롬으로 도금처리한 보일러의 경우 곰팡이나 부식으로부터 어느 정도 벗어날 수 있으나 가격이 올라간다는 단점이 있다.

보일러의 구조

① 일체형 보일러

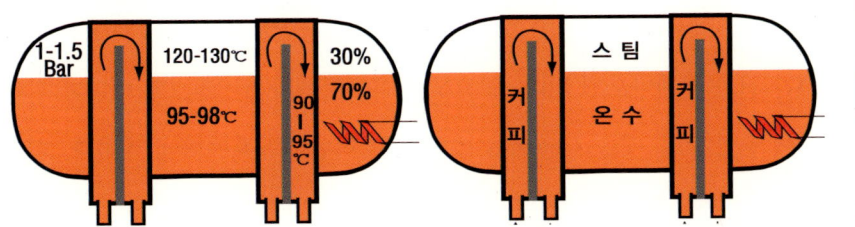

그림4)
일체형 보일러의 구조

　일체형 보일러는 스팀온수 보일러와 커피 보일러를 하나로 통합한 형태의 보일러다. 내부구조는 스팀과 온수를 제공하는 보일러와 커피물을 공급하는 보일러로 나뉘어 있으며, 커피 물을 저장하는 관이 1그룹 당 1개씩 내장되어 있다. 보일러 내부의 70%는 물로 채워져 있고 30%는 빈 상태로 되어 있다. 70%의 공간에는 온수가 저장되고 나머지 30%의 공간에 스팀이 저장된다. 이때 스팀의 압력은 1~1.5Bar를 유지히며 온도는 120~130℃를 유지하게 된다.

　일체형 보일러는 70%의 물속에 커피 보일러가 들어가 있어서 온수가 데워지면서 간접적으로 커피물이 데워지는 방식으로 되어 있다. 이 일체형 보일러는 60~70년대에 개발된 것으로 이태리에서 로부스타 원두를 많이 사용할 때 개발되어 현재까지 사용되고 있다.

　일체형 보일러는 스팀과 온수를 함께 사용할 때 커피 추출온도가 많이 변하는 단점을 가지고 있다. 히터는 스팀압력이 낮아지면 자동으로 작동한다. 이 때문에 스팀을 많이 사용할 경우 보일러의 스팀압력이 떨어지게 되고, 스팀압력이 떨어지면 히터가 작동하여 다시 물을 가열하기 때문에 온수의 온도가 상승한다. 그러면 커피물의 온도도 올라간다. 또 온수를 많이 사용하면 냉수가 자동으로 유입되면서 온수보일러의 물 온도가 떨어지게 되고, 덩달아 커피물의 온도도 내려가게 된다. 일체형 커피보일러는 스팀 온수 보일러에 의해 간접적으로 데워지므로 별도의 히터가 필요 없다. 간접적으로 데워진 물은 90~98℃ 정도에서 밀어내기 방식으로 보일러에 들어간 만큼 빠져나오게 된다. 일체형 커피보일러는 간접적으로 데워지기 때문에 용량이 큰 것을 사용해야 좀 더 안정적인 온도확보에 유리하다. 현재 국내에서 사용하고 있는 대다수의 커피머신은 이 방식으로 작동되고 있다.

② 독립형 보일러

커피맛을 일정하게 유지하기 위해서는 바리스타의 세밀한 관리와 이해가 요구된다. 1990년 이후 세계적으로 아라비카 원두 사용량이 늘어나면서 커피머신도 변화하기 시작했다. 아라비카는 온도의 변화에 따른 맛의 변화가 로부스타보다 심한 품종이다.

이런 이유로 일체형 보일러의 내부에 장착되어 있던 커피 보일러를 분리하고, 독립적으로 온도를 제어하는 방식인 독립형 보일러가 탄생하게 되었다. 독립형 보일러는 스팀온수 보일러와 커피보일러가 별도로 구성되어 있는 보일러다. 일체형과 달리 히터를 부착하여 직접 물을 데우는 방식이다.

독립형 보일러의 구조는 다음과 같다.

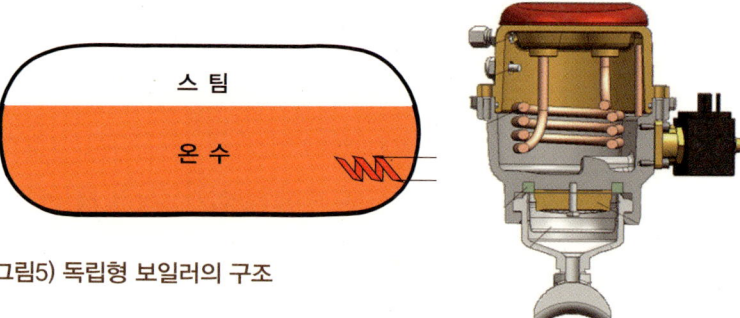

그림5) 독립형 보일러의 구조

온도센서에 의해 물의 온도가 자동으로 제어되기 때문에 안정된 온도의 커피물이 일정하게 공급된다. 물량은 냉수가 들어간 만큼 데워진 물이 빠져나오는 방식에 의해 항상 일정하게 유지된다.

각 회사마다 약간의 차이는 있으나, 이런 강점 때문에 최근 독립보일러 방식을 채택한 커피머신이 늘고 있다. 좀 더 편하고 쉽게 양질의 에스프레소를 얻을 수 있는 장점으로 많은 바리스타들이 선호한다.

독립형 보일러는 겨울철에 각별히 신경을 써야 한다. 항상 물이 보일러 내에 가득 채워져 있기 때문에 실내온도가 떨어질 경우에는 동파의 위험이 있다. 그러므로 겨울에는 기계가 얼지 않도록 주의를 기울여야 한다. 커피 보일러는 커피를 추출하는데 매우 중요한 부분을 차지하기 때문에 일체형이든 독립형이든 그 특성을 잘 이해하는 것이 무엇보다 중요하다.

압력조절 및 온도제어

보일러의 압력과 온도를 조절하고 제어하는 방법으로는 압력S/W와 온도센서가 이용되고 있다. 이 두 가지 부품은 보일러의 압력과 온도를 결정하는 온도계(압력계)이다.

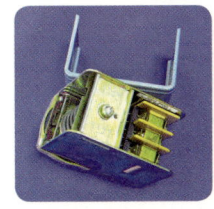 

① 압력스위치 Pressure Switch

압력스위치란 말 그대로 보일러의 압력정도를 감지하고 결정하는 장치로, 1~1.5Bar의 압력을 유지시켜주는 역할을 한다. 이 압력스위치에서 결

정된 압력이 곧 스팀압력과 추출압력을 결정하게 되는 것이다. 압력스위치는 기계식 구조로 되어 있으며, 정해진 스프링 압력에 의해 작동하게 된다.

기계를 많이 사용하다 보면 갑자기 물이 데워지지 않는 경우가 발생하기도 한다. 이런 증상은 대부분 압력스위치 접점에 찌꺼기가 많이 끼어 있어서 일어나는 현상이다. 이때는 압력스위치를 분리해 깨끗이 청소를 해주면 재사용이 가능하다.

단, 압력스위치를 청소할 때는 반드시 기술자에게 의뢰를 해야 안전하다. 압력은 기술적으로 잘 관리하면 안전하게 오래 사용할 수 있는 부품이다.

압력 스위치의 구조

1. **압력스위치** : 스프링의 간격에 의해 압력이 조절되며, 나사를 (+)쪽으로 돌리면 압력이 늘어나고, (-)쪽으로 돌리면 압력이 줄어든다. 이 압력스위치는 보일러의 온도와 압력을 결정하는 중요한 부분이므로 기술자와 상의 없이 함부로 만지지 않는 게 좋다.
2. **개스킷(Gasket)** : 스팀이 새는 것을 방지해 주는 고무 재질의 개스킷이다. 이 개스킷이 굳어서 밀착력이 떨어지면 압력스위치에서 물이 새어나오기도 한다. 이 문제는 개스킷을 새것으로 교환해주면 바로 해결된다.
3. **압력 전달판** : 압력의 정도를 감지해 전달하는 전달판이다. 이 판이 부식되어 압력전달이 잘 이뤄지지 않으면 온도가 계속 상승하는 증상이 나타난다. 이럴 경우에는 커피머신 가동이 불가능해지므로 즉시 교환해야 한다.
4. **스팀 차단판** : 스팀을 차단하는 차단부이다. 압력 전달판을 보호해주는 역할을 한다.

② 온도센서 Temperature Sensor

온도센서는 일체형 보일러보다는 독립형 보일러에서 스팀온수 보일러와 커피보일러에 각각으로 사용된다.

압력스위치와 마찬가지로 온도를 유지하는 역할을 한다. 단, 압력스위치는 압력을 제어하지만 온도센서는 온도를 제어한다. 압력스위치는 스팀압력을 1~1.5Bar로 유지시켜 주고, 온도센서는 스팀온수 보일러의 온도를 120~130℃, 커피보일러 온도를 88~95℃로 유지해 준다.

온도센서를 사용하는 이유는 보일러의 온도를 자동으로 감지함으로써 일정한 온도를 유지시켜 주기 위함이다. 이 온도센서에 의해 사용가능한 최저온도와 최고온도의 편차를 줄일 수 있게 되었다.

온도센서는 압력스위치와 달리 이상이 발생하면 바로 컨트롤보드의 LCD창에 에러표시가 니터나기 때문에 바리스타가 쉽게 이상유무를 확인할 수 있다.

압력스위치와 온도센서는 보일러의 압력과 온도를 유지하는 중요한 부품이므로 항상 면밀하게 관리해서 정상적인 상태를 유지시켜줘야 한다. 평소에 잘 관찰하는 습관을 기르고, 이상이 감지될 경우에는 즉시 기술자와 상의하는 것이 좋다. 방심하거나 방치하면 커피맛에 급격한 변화가 초래되거나 심각한 고장으로 이어져 기계작동이 어려워질 수 있기 때문이다.

에어밸브 Vacum Valve

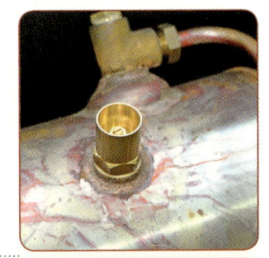

에어밸브는 보일러의 공기를 빼주는 역할을 한다. 일종의 '숨구멍'인 셈이다.

커피머신을 OFF하여 압력이 0이 된 상태에서 다시 기계를 가동할 때 에어밸브는 보일러 속의 공기를 빼준다. 만일 공기를 빼주지 않으면 보일러

내부에 갇혀 있던 공기가 가열과 함께 팽창하면서 압력스위치를 작동시켜 정상적인 온도유지가 어렵게 된다. 이런 현상을 없애기 위해 물이 데워지면서 보일러 내부의 공기가 에어밸브를 통해 조금씩 빠져나가게 된다.

보일러에 공기가 너무 많이 차 있을 경우에는 에어밸브에서 다 처리하지 못하므로 수동으로 제거해 줄 필요가 있다. 에어를 수동으로 제거하려면 기계작동 후 20여 분 뒤에 스팀밸브를 열어 공기를 빼주면 된다.

에어밸브의 구조

에어밸브의 구조는 비교적 간단하다. 보일러가 데워지면서 생성되는 압력에 의해 열려 있던 틈을 막아주도록 되어 있다. 밸브 안쪽에는 고무 개스킷이 끼워져 있어서 압력이 새는 것을 차단해준다.

에어밸브에 문제가 발생하면 스팀이 계속 새어나오게 된다. 그 원인은 대개 오랜 사용으로 인한 개스킷의 경화에서 비롯된다. 이렇게 스팀이 새어나오면 보일러의 압력이 떨어지고 주위의 다른 부품에도 영향을 줄 수 있으므로 즉시 개스킷을 교환해주어야 한다.

수위감지봉

스팀온수 보일러의 70%는 항상 물로 채워져 있어야 한다. 온수나 스팀을 사용함에 따라 보일러의 수위가 내려가면 이를 감지하여 물을 보충해 주는 역할을 하는 것이 수위감지봉이다. 이 수위감지봉은 단순히 수위만 감지하

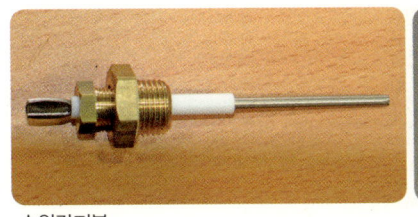
수위감지봉

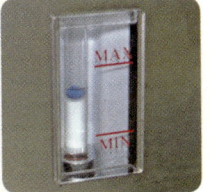
수위표시기

지만, 이것이 불량이면 '온수 70% +스팀 30%'라는 보일러 내부의 절대 구성법칙이 깨어지면서 바리스타가 메뉴를 만들 때 많은 불편이 초래된다.

수위감지봉은 보일러 속에 있기 때문에 스케일이 낄 수 있다. 스케일이 끼면 수위가 떨어져도 감지할 수 없게 된다. 이럴 경우에 이상유무를 확인하려면 수위표시기를 점검하면 된다. 바리스타는 보일러의 물이 정상적인 수위를 유지하고 있는지 항상 숙지하고 체크해야 한다.

메이커에 따라 보일러 수위표시기가 있는 기계도 있고 없는 기계도 있다. 수위표시기가 없는 기계는 대개 전자적으로 수위를 감지하고 기계 자체에서 에러표시를 한다.

과압력 방지밸브

스팀온수 보일러에서 규정 이상의 압력이 올라갈 경우 보일러를 보호하기 위해 작동하는 안전장치이다. 이 밸브는 과압이 생길 때만 작동하고 평상시에는 변화가 없어야 한다.

기계의 종류에 따라 약간의 차이는 있을 수 있으나, 이 밸브는 대개 보일러의 압력이 1.7~2Bar 정도로 높아지면 작동한다. 만일 과압력 방지밸브가 작동할 경우에는 즉시 기계를 끄고 바로 기술자에게 연락해야 한다. 보일러에 뜨거운 압력이 차 있어서 매우 위험하기 때문에 절대로 바리스타가

과압력 방지밸브의 구조

만져서는 안된다. 보일러 압력은 과압력 방지밸브 안에 설치되어 있는 스프링의 간격에 의해 감지되며, 압력이 필요이상으로 증가하면 이 스프링이 압축되면서 밸브가 작동하게 된다.

과압력 방지밸브에서 생길 수 있는 문제는 압력차단 고무판이 경화되거나 케이스가 부식되어 스팀이 새는 경우이다. 고무판이 경화된 경우에는 고무판만 교환해주면 되지만, 케이스가 부식된 경우에는 전체를 교환해야 한다.

이 밸브에서 스팀이 새어나오는 경우에는 빠른 시간 내에 수리를 받아야 한다. 스팀이 새면서 주변의 다른 부품을 부식시킬 수 있기 때문이다. 뜨거운 압력이 들어있기 때문에 기술자 외에는 손대지 않는 게 안전하다. 바리스타는 단지 스팀이 새는 정도를 확인해서 알려주면 된다.

커피추출 전자밸브

커피추출 전자밸브는 커피를 추출할 때 작동되는 전자식 밸브로, 커피추출그룹에 장착되어 있다. 코일로 작동하며 전자석 원리를 응용한 장치이다. 이 밸브는 보일러, 그룹, 배수로 등 3개의 방향으로 연결되어 있다.

이 전자밸브는 한방향으로 구성되어 있지만, 전자적으로는 매우 정교하고 복합적인 기능을 수행한다. 커피추출이 끝나면 남아 있는 압력과 물이 자동으로 배출되도록 설계되어 있다. 그래야 다음에 커피를 추출할 때 영향을 주지 않기 때문이다.

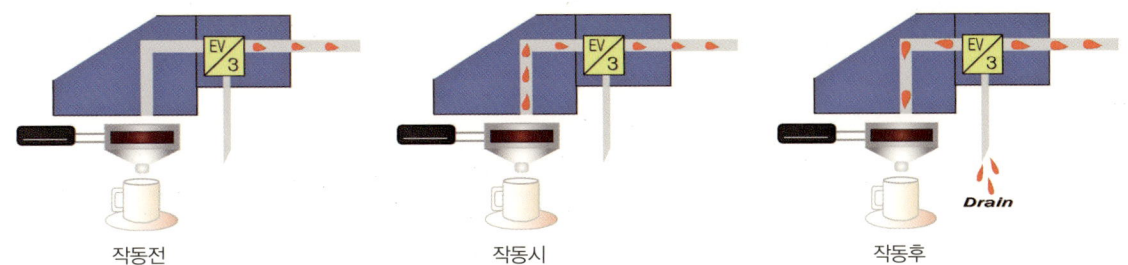

| 작동전 | 작동시 | 작동후 |

그림6) 커피추출 전자밸브의 작동과정

유동추의 모양은 온수 추출용이냐, 커피 추출용이냐에 따라 약간의 차이가 있다. 온수 추출시에는 한쪽만 막아주면 되지만, 커피 추출시에는 양쪽을 모두 막아주어야 하기 때문이다. 커피를 추출할 때 유동추는 압력배출구 쪽을 막아주고, 작동이 멈추면 보일러에서 나오는 물을 차단해주는 역할을 한다.

그림 맨 오른쪽에 있는 것은 2개의 오링이다. 이 오링은 커피를 추출할 때 커피추출 전자밸브에서 물이 새는 것을 방지해 준다. 이 오링이 경화되면 물이 밖으로 새어나오는 원인이 된다.

커피추출 전자밸브의 구조

전자밸브

온수추출 전자밸브

커피추출 전자밸브

온수추출 전자밸브는 보일러에서 직접 물을 통과시키지만 커피추출 전자밸브는 커피물도 함께 통과하게 된다. 이 커피추출 전자밸브는 커피를 통제하므로 커피찌꺼기가 낄 가능성이 있다.

유동추 주위에 찌꺼기가 많이 끼면 추가 원활하게 작동하지 못해 커피추출에 방해를 줄 수 있으므로 잘 관리해주어야 한다. 전용세제를 이용해서 청소해주는 방법과 막힌 필터, 즉 청소용 필터를 이용하여 매일 청소해주는 방법이 있다. 그룹헤드를 청소하면 이 유동추는 자동으로 청소된다.

커피를 많이 추출한 후에는 커피를 공급하지 않고 여러 차례 기계를 작동시켜 청소를 해주는 것이 찌꺼기가 쌓이는 것을 방지하는 방법이다. 물의 흐름이 원활해야 커피도 정상적으로 추출될 수 있으므로 커피추출 전자밸브의 역할은 매우 중요하다.

커피를 추출하거나 온수를 사용할 때 소음이 심하게 나는 경우가 있는데, 이는 전압이 낮을 경우에 일어나는 현상이다. 펌프모터는 제대로 작동하지만 추출이 되지 않는 증상은 코일이 망가졌거나 유동추가 불량일 때 발생한다. 또 커피머신을 작동하지 않은 상태에서 물이 떨어지는 경우에도 소음이 심하게 날 수 있다. 이는 유동추 앞부분에 있는 고무판에 이물질이 끼거나 고무판 자체가 망가졌을 때 나타나는 현상이다.

CHAPTER 4
꽃을 다루고 가꾸는 '정원사'
바리스타

이탈리아어 'Mano'는 손을 뜻한다. 이것은 에스프레소 조리사의 전문능력을 가리킨다. 옛 스타일의 커피 제분기에서 정교한 근대 에스프레소 그라인더에 이르기까지의 기술은 에스프레소 조리사(바리스타)의 중요성을 감소시켰다. 하지만 진정한 에스프레소의 커피의 대가인 바리스타는 이런 기술적 매커니즘의 발전과 관계없이 건재하다. 그는 언제 어떻게 손을 사용할지를 아는 사람이자 관찰력과 통찰력을 가진 사람이다. 그의 경험과 기술적 노하우는 하루 중 어느 때나 일반 에스프레소와 구분되는 최고의 에스프레소를 만들어 주는 결정적인 역할을 한다. 완벽한 에스프레소를 서빙하는데 있어서 좋은 원두와 시설도 중요하지만 고객들의 입맛에 최대한의 만족을 주기 위해서는 바리스타의 능력 또한 절대적으로 필요한 것이 사실이다.

이번 장에서는 바리스타에 대해서 알아본다. 커피머신이 에스프레소의 꽃이라면 바리스타는 '정원사'이다. 꽃은 어떻게 기르냐에 따라 자태가 달라지는 '식물'일 뿐이다. 바리스타에 의해 에스프레소의 최종 품질이 결정되고 격이 완성되는 것이다.

에스프레소의 기본 | 크레마 | 탬핑 | 포터필터 장착법 | 핫메뉴 만들기
아이스 메뉴 만들기 | 우유거품 따르기

Brista 1 에스프레소의 기본

바리스타는 커피를 눈으로 마시고, 귀로 마시며, 코로 마시고, 입으로 마시고, 온몸으로 마실 수 있어야 한다. 한 잔의 커피로 즐거움과 행복을 느낄 수 있도록 해줄 수 있는 바리스타가 진정한 프로일 것이다.

또한 바리스타는 어떤 커피를 선택할 것인가 결정해야 한다. 커피를 선택할 때 고려해야 할 사항은 로스팅 정도, 아라비카와 로부스타의 비율, 숙성 정도, 수입품과 국내 제조커피 여부, 가격 등이다. 이런 기본적인 조건을 고려해서 사용할 커피를 선택한다.

이 외에 커피 보관방법에 대해서도 숙지하고 있어야 한다. 또 어떠한 기계를 운용할 것인지, 어떻게 기계의 성능을 유지시킬 것인지도 알고 있어야 한다. 위생도 중요한 덕목이다. 아무리 커피를 잘 만든다 하여도 위생에 문제가 있다면 좋은 바리스타라 할 수가 없다. 이처럼 완벽한 에스프레소를 추출하기 위한 바리스타의 길은 간단하지가 않다.

그림7) 리스트레또, 에스프레소, 룽고의 비교

그림8) 에스프레소 커피의 추출과정

바리스타의 가장 기본이 되는 에스프레소 추출에 대해 알아보자. 에스프레소는 리스트레토, 에스프레소, 룽고, 도피오로 나뉘어진다. 리스트레토는 15~25㎖, 에스프레소는 25~35㎖, 룽고는 35~45㎖ 정도이며, 도피오는 각 커피의 더블을 의미한다.

바리스타는 사용하고자 하는 잔과 농도에 따라 에스프레소 종류를 선택할 수 있어야 한다. 대표적으로 에스프레소 잔은 지름이 50~60mm, 용량이 50~70㎖, 온도는 65~70℃ 정도가 좋다.

에스프레소는 모든 메뉴의 기본이다. 따라서 에스프레소에 대한 이해도가 무엇보다 중요하므로 익숙해질 때까지 많은 트레이닝을 통하여 그 기본기를 익혀둘 필요가 있다.

Brista 2 크레마

에스프레소 위에 뜨는 크레마에 대해 알아보자.

크레마crema는 에스프레소 상부에 갈색 빛을 띠는 크림을 말한다. 일반적으로 크레마가 많다고 해서 좋은 품질의 에스프레소라고 할 수는 없으나, 크레마가 적거나 없는 에스프레소는 거의 대부분 원두가 오래된 경우이다. 일반적으로 3~4mm 정도의 크레마가 있는 에스프레소를 가장 맛있는 에스프레소라 할 수 있다.

크레마의 정체

크레마는 단열층의 역할을 하여 커피가 빨리 식는 것을 막아준다. 커피의 향을 함유하고 있는 지방 성분을 많이 지니고 있기 때문에 보다 풍부하고 강한 커피향을 느낄 수 있게 해 준다. 또 그 자체가 부드럽고 상쾌한 맛과 단맛을 지니고 있어서 에스프레소의 백미로 통하고 있다.

크레마는 에스프레소 추출시 순간적으로 5초 정도 커피를 불리고infusion 나서 7~9Bar의 압력pressure으로 밀어내어 생기는 황금색이나 갈색의 크림이다. 곱게 갈은 에스프레소에서 나오는 아교질과 섬세한 커피오일의 결합체로 젤라틴gelatin과 같은 고운 입자들이 쉽게 침전되지 않고 커피 위에 떠 있는 상태라 할 수 있다.

추출조건에 따른 차이

크레마는 커피의 숙성, 신선도, 커피의 양, 분쇄 정도, 탬핑, 물의 양, 온도, 추출시간, 추출압력, 블렌딩, 로스팅에 따라 차이가 있을 수 있다. 따라서 육안으로 식별할 수 있는 능력이 필요하다.

추출조건에 따른 크레마의 차이는 다음과 같다.

1. 투입량이 너무 많을 경우
2. 입자 크기가 너무 가늘 경우
(추출이 너무 느려 색상이 탁하게 추출)

1. 투입량이 너무 적을 경우
2. 입자크기가 너무 굵을 경우
(추출이 너무 빨리 되이 색상이 옅게 추출)

잔존가스가 많고 추출 수 온도가 높을 경우
(색상이 탁하고 검은 점박이가 많다)

잔존가스가 많고 추출 수 온도가 낮을 경우
(약간의 점박이는 있으나 전체적으로 크레마 형성이 잘된다)

잔존가스가 적고 추출 수 온도가 높을 경우
(크레마가 조밀하게 추출이 되고 크레마 색상도 좋아진다)

잔존가스가 적고 추출 수 온도가 낮을 경우
(크레마 양이 줄어들고 색상이 옅다)

잔존가스가 없이 오래된 커피로 추출 할 경우
(크레마가 현저히 적어지고 색상도 아주 옅다)

정상적인 추출
(맛과 향이 조화롭게 추출이 된다)

품종과 숙성정도

위에서 알아본 조건 이외에도 크레마의 농도와 색은 로스팅의 정도와 커피의 품종(아라비카, 로부스타), 숙성정도에 따라서도 차이가 있다.

중배전된 커피의 경우에는 크레마가 황금색을 띠고, 강배전 커피의 경우에는 약간 적색을 띠게 된다. 아라비카를 많이 사용하면 크레마의 양이 적

그림9) 커피의 숙성여부에 따른 크레마의 지속성

고 옅은 황금색을 띄며, 로부스타를 많이 사용하면 크레마 양이 많아지고 진한 황금색을 띄게 된다.

시간도 중요하다. 로스팅 후 시간이 얼마나 경과된 커피인지, 시간이 경과함에 따른 커피품질의 변화는 어떻게 일어나는지를 알아야 제대로 된 크레마를 얻을 수 있다. 오래된 커피는 대개 크레마의 두께가 얇고 농도도 흐리며, 색상도 탁한 편이다.

숙성정도는 크레마의 지속성과 밀접한 관계를 가지고 있다. 숙성이 되지 않으면 크레마가 많이 나오는 것처럼 보이지만 실제로는 거의 '거품'에 가깝다. 가스로 차 있는 갓 볶은 원두는 불림이 제대로 이루어지지 않기 때문에 크레마보다 가스가 많이 나온다. 이런 크레마는 휘발성 가스가 빠지면서 금방 사라지는 현상이 일어난다.

원두의 보관상태

아래 그래프는 로스팅을 한 이후 커피의 품질변화를 그린 것이다. 이를 통해서도 알 수 있듯이, 로스팅 후 10~30일 사이의 원두가 최상의 상태이다. 배전강도에 따라 약간의 차이는 있지만, 이 데이터는 현재 많이 사용하는 중배전 에스프레소를 기초로 만든 그래프이다. 이 그래프는 로스팅 후 2개월이 지나면 급격한 품질저하가 나타난다는 사실을 입증해 준다.

따라서 쓰고 남은 커피는 잘 보관할 필요가 있다. 60일 이전에 사용할 커피는 숙성시킨 후 냉장보관하는 것이 좋고, 그 이후까지 사용해야 할 커피는 -40℃ 이하로 냉동보관하는 것이 바람직하다. 커피의 신선도에 따라 크레마의 품질이 틀려지기 때문에 우선은 바리스타가 신선한 원두를 선택하는 것이 좋은 에스프레소의 기본적인 전제조건이 된다. 이런 조건들이 모두 충족된다면 에스프레소의 맛도 좋아진다.

표7) 시간의 경과에 따른 원두커피 품질의 만족도 변화

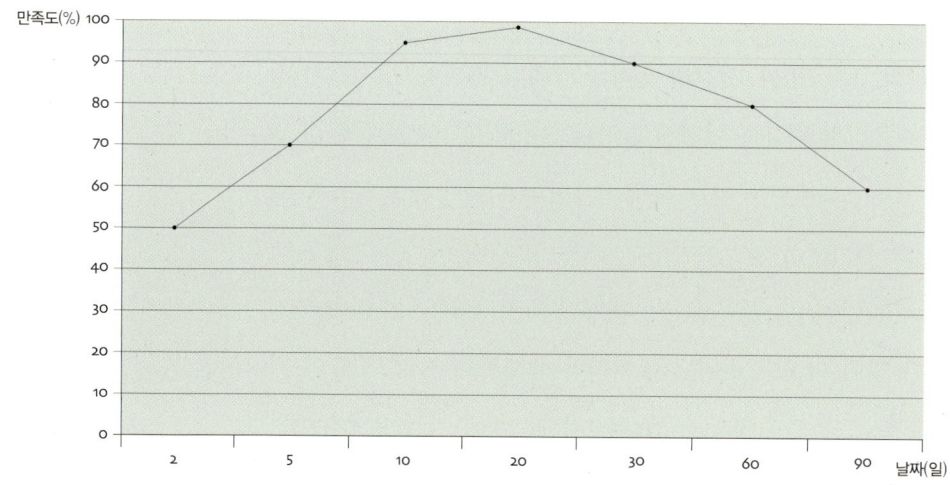

Brista 3 탬핑과 태핑

탬핑tamping이란 포터필터에 담겨진 분쇄된 커피를 다지는 행위를 말한다. 탬핑의 강도에 따라 물의 투과시간을 다르게 할 수 있다. 탬핑을 약하게 하면 빨리 투과되고 세게 하면 천천히 투과되어 더 진한 맛이 추출된다. 탬핑의 세기는 자기 몸에 맞게 하는 것이 가장 좋을 것이다.

투입량과 분쇄입자 크기에 따라 탬핑의 세기 또한 달라질 수 있다. 투입량이 적거나 입자가 클 경우는 강한 탬핑이 유리할 것이다.

그라인더 일체형 탬퍼

탬퍼의 종류

탬핑을 하기 위해서는 탬퍼tamper가 필요하다.

탬퍼의 종류는 그라인더에 부착되어 있는 탬퍼와 스테인리스 탬퍼, 알루미늄 탬퍼, 플라스틱 탬퍼 등이 있다. 스테인리스 탬퍼는 무거운 편이기 때문에 작은 힘으로 탬핑할 수 있는 반면, 알루미늄 탬퍼는 자기 스스로 탬핑하는 힘을 조절하며 사용할 수 있다는 것이 장점이다. 반면에 플라스틱 탬퍼는 주로 수평을 맞추기 위해 사용한다.

이러한 탬퍼 중에서 자기에게 맞는 탬퍼를 선택해서 사용하면 될 것이다. 바리스타는 많은 에스프레소 추출 연습을 통해 자기에게 맞는 탬퍼를 선택할 수 있어야 한다.

스테인리스+나무 탬퍼

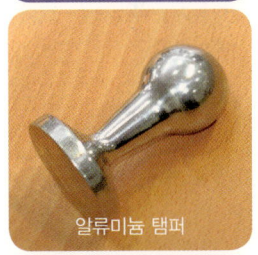
알루미늄 탬퍼

플라스틱 탬퍼

그림10)
올바른 탬핑과
탬퍼관리

　탬퍼는 항상 청결하게 보관된 것을 사용한다. 또한 탬핑시 포터필터의 커피 추출구 부분이 지저분한 곳에 닿지 않도록 주의해야 한다. 추출구의 청결상태는 곧 추출된 커피의 청결과 직결되기 때문이다. 따라서 탬핑할 때는 가급적 추출구가 바닥에 닿지 않도록 모서리면을 이용해야 한다. 단, 깨끗한 곳에 놓고 탬핑하는 것은 무방하다.

탬핑과 태핑요령

그림11)
올바른 탬핑과
태핑자세

　첫 번째 탬핑은 살짝 다져주는 정도로 한다. 대개 약 2~3kg의 힘을 가해주면 된다고 알려져 있다. 이는 태핑시 포터필터에서 커피가루가 이격되는 것을 방지하기 위한 동작이다.

　태핑tapping은 탬퍼 손잡이를 이용해 포터필터 옆면을 두세 번 살짝 두드려주는 것으로, 포터필터 내벽에 붙어있는 커피가루를 떨어뜨리기 위해서 해준다. 이때 태핑의 세기가 너무 약하면 가루가 떨어지지 않고 너무 세면 커피 표면에 균열이 일어나므로 가루가 떨어질 정도로만 해주어야 한다.

최근에는 이 태핑동작을 생략하는 경우도 많이 있다.

두 번째 탬핑은 자기 몸에 맞게 세게 누르면 된다. 이 때 주의할 점은 수평에 맞게 탬핑을 해주어야 한다는 점이다. 만일 오른쪽 그림처럼 수평이 틀려지면 쓴맛이 강한 에스프레소가 추출될 것이다. 그 이유는 기울기가 내려간 쪽에서 과다추출이 일어나기 때문이다.

탬핑시 탬퍼를 좌우로 돌려가며 눌러주는 경우도 있다. 돌리면서 탬핑하면 커피표면에 가해지는 힘이 배가된다는 장점이 있다. 그러나 과도하게 돌리면 커피표면에 막이 형성되어 물 투과가 힘들어질 수 있다. 이럴 경우 추출에 방해가 일어날 수 있으므로 과도하게 돌리는 것은 자제하는 것이 좋다.

다음은 잘못된 탬핑 및 태핑에 대해 알아보자.

기울어진 탬핑과 그에 따른 과다추출 및 오버추출 현상

그림12) 잘못된 탬퍼관리와 탬핑자세

왼쪽 그림처럼 탬퍼를 테이블 위에 그대로 놓아두면 지저분한 것들이 묻어 커피와 함께 그대로 추출될 수 있으므로 주의해야 한다. 탬퍼는 항상 깨끗한 곳에 보관해야 한다. 또 탬핑할 때에도 추출구는 항상 깨끗한 곳에 놓여야 한다. 가운데 그림처럼 테이블 위에서 탬핑하는 것은 바람직하지 않다. 테이블은 걸레로 닦기 때문에 위생상 좋지 않다. 포터필터의 추출구는 커피가 잔으로 바로 떨어지는 곳이므로 청결에 각별히 신경을 써야 한다.

세 번째 그림은 추출구 중간부를 테이블 모서리에 거치하고 탬핑하는 모습이다. 위생에는 문제가 없으나 손을 다칠 염려가 크다. 강한 탬핑을 할 경우 조금이라도 기울기가 틀려지면 미끄러져서 손을 다칠 염려가 있으므로 주의해야 한다.

그림13) 올바르지 않은 태핑의 예(1)

태핑을 할 때는 손을 다치지 않도록 주의해야 한다. 왼쪽 첫 번째와 두 번째 그림은 태핑할 때 손을 다치기 쉬운 사례들이다. 포터필터는 동으로 만들어져 있고 탬퍼는 스테인리스 재질이므로 세 번째 그림처럼 태핑을 하면 포터필터가 파손될 수 있다. 태핑할 때는 항상 포터필터보다 약한 재질로 해주어야 한다.

네 번째 그림은 태핑을 너무 강하게 한 결과 커피 표면에 균열이 일어난 모습이다. 균열이 생기지 않도록 태핑시 주의를 기울여야 한다.

태핑시 필터 윗부분을 치면 흠집이 날 수 있다. 필터에 흠집이 생기면 포터필터를 그룹에 장착했을 때 완전히 밀폐되지 않아 압력이 샐 수 있으므로 필터 부분을 치는 행위는 삼가하는 것이 좋다.

포터필터 옆면의 튀어나온 돌출부 포터필터를 그룹헤드에 장착할 때 고정시켜주는 역할을 한다. 태핑 할 때마다 이 부분을 반복적으로 치게 되면 흠집이 생겨 포터필터를 장착할 때 완전히 고정되지 않을 수 있기 때문에 이 역시 바람직한 태핑방법은 아니다.

그림14) 올바르지 않은 태핑의 예(2)

위의 태핑은 잘못된 방법은 아니나 태핑의 목적을 달성하기 힘든 사례들이다. 바리스타는 올바른 탬퍼 보관과 올바른 탬핑 및 태핑 동작을 통하여 완벽한 커피를 추출할 수 있어야 한다. 보기에는 쉬워 보여도 탬핑이나 태핑은 숙련을 요하는 작업이다. 많은 연습을 통해 강도와 세기가 항상 몸에 배어 있도록 해야 할 것이다.

그림15) 탬퍼 잡기와 탬핑자세 비교

   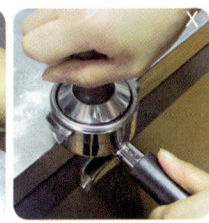

탬퍼를 잡을 때에는 왼쪽 그림처럼 자기에게 맞춰 편하게 잡는 것이 좋을 것이다. 일반적으로는 그 상태에서 두 번째 그림처럼 엄지와 집게손가락으로 탬퍼를 잡고 누른다. 그러면 손목에 무리를 주지 않으면서 어깨 힘으로 강한 탬핑을 할 수 있다.

반면, 세 번째와 네 번째 그림은 손목의 힘으로 탬핑하는 방법이다. 손목에 많은 무리가 갈 수 있으므로 바람직한 자세는 아니다. 대개의 경우 바리스타는 매일 여러 번 탬핑과 태핑을 하기 마련이다. 이 때문에 손목이나 팔의 통증을 호소하는 경우도 적지 않다. 훈련을 통하여 자신에게 알맞는 테크닉을 익혀야 이런 직업병을 예방할 수 있다.

Brista 4 포터필터 장착법

포터필터를 장착할 때는 오른 손으로 먼저 장착을 한 후 왼손으로 힘을 주는 것이 좋다. 자세 면에서도 안정적이고 손목에도 무리를 적게 주기 때문이다.

그룹헤드에 포터필터를 장착할 때에는 특히 그룹에 충격을 주지 않도록 주의해야 한다. 세게 부딪히거나 해서 충격이 발생하면 탬핑한 커피에 균열이 생기거나 커피와 필터 가장자리가 벌어질 수 있다. 그러면 물이 균열부나 벌어진 곳으로 먼저 흐르기 때문에 맛이 연해지게 된다.

추출 후 커피 찌꺼기를 버릴 때는 오른손으로 하는 것이 무난하다. 그래야 손목이나 어깨에 무리를 주지 않고 많은 커피를 추출할 수 있다.

남아 있는 커피 찌꺼기는 다음 추출을 하기 전에 버리는 것이 좋다. 만일 추출 후 바로 찌꺼기를 버리면 기계에 남아 있는 압으로 인해 찌꺼기가 역류하면서 그룹헤드에 많이 붙어 있게 된다. 추출 후 다음 추출시간이 5분 이상 지연되면 포터필터에 있는 찌꺼기를 버리고 물로 씻어서 그룹에 장착해 둔다. 찌꺼기를 너무 오래 담아 두면 커피 찌꺼기의 수분이 마르면서 포터필터에 장착된 상태에서 굳어버리게 된다.

체크포인트22) 에스프레소 추출순서

1. 원두 통에 원두를 공급한다.
2. 그라인더 스위치를 작동해서 원두를 분쇄한다.
3. 도저의 칸을 채워준다.
4. 오른손으로 필터홀더를 그룹에서 뺀다. 왼손은 기계를 잡아 오른손의 힘을 분산시킨다.
5. 필터홀더에 분쇄커피를 담는다.
6. 사용하고자 하는 양을 도징 한다.
7. 탬핑 : 원하는 강도로 수평을 유지한다.
8. 탬퍼는 항상 깨끗한 곳에 보관한다.

9. 오른손으로 필터홀더를 잡고 먼저 그룹에 장착한다.
10. 오른손으로 필터홀더를 장착한 후 왼손으로 힘을 주어 완전히 결합한다.
11,12. 추출버튼을 누른 후에 잔을 가져다 놓는다. 잔을 올려놓고 추출버튼을 눌러도 무방하지만 약간의 시간이라도 줄이기 위해서는 추출 버튼을 누른 후 잔을 먼저 올려놓는 것이 좋다.
13. 추출된 에스프레소를 옮긴다.
14,15. 오른 손을 이용해서 필터홀더를 분리한 다음 찌꺼기를 버린다.
16. 추출을 하지 않을 때에는 포터필터를 물로 씻어서 보관한다.

Brista 5. 핫메뉴 만들기

에스프레소의 평가

크레마의 색감

에스프레소를 평가할 때는 먼저 크레마의 색감을 확인하고, 그 다음으로 양과 품질, 냄새를 차례로 확인하게 된다. 에스프레소는 추출 시 잔에 떨어지는 위치에 따라 크레마의 색감에 차이가 생긴다.

에스프레소 추출 시 잔의 벽면으로 커피가 떨어지도록 하면 벽면을 타고 떨어지면서 가속도가 붙어 흰색에 가까운 물결이 만들어지고, 이에 따라 최종 크레마도 흰색으로 뒤덮이게 된다. 이 경우에는 크레마의 색감이 떨어지기 때문에 에스프레소의 맛을 감소시킬 수 있다. 오른쪽 그림처럼 에스프레소 잔의 안쪽에 떨어지게 하면 크레마의 색감은 좋아진다. 에스프레소는 시각적인 면을 무시할 수 없는 기본메뉴이기 때문에 떨어지는 위치를 잘 잡아 주어야 좀 더 보기 좋은 양질의 크레마를 얻을 수 있다.

크레마의 양

크레마의 양은 곧 에스프레소의 품질과 직결된다. 좋은 색감, 적절한 양의 크레마가 덮여 있는 에스프레소가 시각적인 평가는 물론 맛 부분에서도 좋은 평가를 받기 마련이다.

그림처럼 잔을 기울였을 때 커피색깔이 보이지 않아야 양적으로 적절하고 좋은 크레마라고 할 수 있다. 또한 크레마를 스푼으로 갈라보았을 때 바로 봉합될 정도의 점성을 가진 크레마가 이상적인 것으로 평가된다.

크레마의 냄새

냄새를 확인할 때는 코를 잔속으로 깊숙이 넣은 다음 확인해야 주위의 영향을 배제할 수 있어서 좋다. 유자향을 비롯한 과일향, 꽃, 꿀, 허브, 보리향 등 느낌이 좋은 향이 많으면 많을수록 좋은 에스프레소로 평가된다. 반면 가죽, 고무, 곰팡이, 담배와 같이 거북한 향이 나면 좋지 않은 에스프레소이다.

맛 Taste

다음으로 맛을 확인한다. 맛을 확인할 때는 잔으로 마시지 말고 스푼을 이용해서 커핑하듯 빠르게 흡입하는 것이 좋다. 에스프레소의 맛은 혀의 특성에 따라 쓴맛, 신맛, 단맛의 순으로 느껴지기 마련이다. 아주 짧은 순간에 이어지는 이 미묘한 맛의 변화를 잘 캐치하기 위해서는 반복적인 맛보기 훈련이 필요하다.

먼저 쓴맛을 느낀다. 쓴맛을 평가할 때는 강도보다는 품질적인 면을 우선적으로 판단한다. 쓴맛은 그 자체로 품질을 결정하는 것은 아니다. 강하면 나쁘고 적으면 좋은 커피가 아니라 쓴맛이 강하더라도 부드러우면 좋은 에스프레소이고, 쓴맛이 약하더라도 거칠면 나쁜 에스프레소라 할 수 있다.

다음 신맛을 확인한다. 신맛 또한 품질을 확인해야 한다. 신맛이 강하다고 나쁘고 신맛이 적다고 좋은 것은 아니다. 신맛이 강하더라도 상큼하고 부드러우면 좋은 에스프레소이고, 신맛이 적더라도 자극적이거나 거칠면 나쁜 에스프레소라 할 수 있다.

그 다음 단맛을 확인한다. 쓴맛 때문에 잘 드러나지는 않지만, 대개의 커피 속에는 비교적 풍부한 단맛이 포함되어 있다. 단맛의 강도는 높을수록 좋다.

잔향과 바디

다음으로는 입 속에서 느껴지는 향의 깊이와 여운을 체크하고 바디의 정도를 확인한다. 잔향after flavor은 커피를 마시고 난 다음 잔잔하게 남아 있는 향을 의미하고, 바디body는 흔히 '감칠맛', '매끄러운 여운', '묵직한 느낌' 등으로 표현되는 뒷맛을 일컫는다.

잔향과 바디의 정도를 정확하게 느끼기 위해서는 많은 노력이 필요하다. 에스프레소의 최종적인 품질이 이 바디의 정도에 의해 결정된다고 해도 과언이 아니므로 반복적인 연습과 훈련을 통해 나름의 기준을 세울 필요가 있다.

에스프레소 기본메뉴

에스프레소를 이용한 메뉴에 대해 알아보자.

모든 메뉴에 있어 에스프레소가 기본이 된다. 에스프레소에는 룽고와 도피오가 있다.

커피메뉴를 만들 때는 손님이 원하는 맛을 만들어 주는 것이 가장 중요할 것이다. 손님들의 주문에 응하거나 메뉴를 구성할 때 리스트레토ristretto와 룽고lungo, 도피오doppio의 개념과 차이를 잘 이해하고 응용하면 다양한 메뉴가 만들어진다.

체크포인트23) 에스프레소 맛있게 마시는 방법

① 에스프레소에 데운 우유 20㎖ 정도와 설탕 5g정도를 같이 넣어 저어서 마신다.
② 에스프레소에 설탕 5g정도를 넣어 저어서 마신다.
③ 에스프레소에 설탕 5g정도를 넣고 젓지 말고 진한 에스프레소를 먹고 밑에 가라앉아 있는 설탕물로 입안의 쓴맛을 제거한다.
④ 에스프레소에 아무것도 첨가하지 말고 그냥 블랙으로 마신 다음 초콜릿을 먹는다.
⑤ 에스프레소에 좋아하는 각종 향 시럽을 넣어서 마신다.
⑥ 에스프레소에 초콜릿을 넣고 저어서 마신다.
⑦ 에스프레소를 블랙으로 즐긴다.

에스프레소는 마시는 방법을 알고 마시면 더욱 맛있게 즐길 수 있는 커피다. 이 외에도 더 많은 방법으로 에스프레소를 즐길 수 있을 것이다.

사실 에스프레소는 블랙으로 먹는 것이 몸에는 가장 좋다. 다음으로 우유만 넣어 마시는 것이 좋고, 처음 접하는 사람은 우유와 설탕을 같이 넣어서 맛있게 즐기는 것이 좋다. 그러다가 설탕이 많다고 느껴지면 설탕의 양을 조금씩 줄여보길 권한다. 설탕을 뺀 다음 우유도 조금씩 줄이게 되면 몸이 에스프레소에 대해 적응되기 때문에 그 이후에는 에스프레소 블랙을 즐길 수 있게 되는 것이다.

에스프레소 Espresso

에스프레소는 커피를 원액으로 먹고 입속에 남는 여운을 즐기는 커피이다. 25~30㎖를 추출하여 에스프레소 잔에 제공한다. 에스프레소를 제공할 때는 물과 우유 30㎖와 설탕 5g을 같이 제공한다. 또 에스프레소용 티스푼을 같이 주되, 에스프레소 티스푼의 손잡이 방향과 에스프레소 잔의 손잡이 방향이 같도록 한다.

리스트레토 Ristretto

짧게 추출한 에스프레소를 말한다.
에스프레소보다는 적은 양인 15~20㎖를 짧은 시간에 추출해 에스프레소 잔에 제공을 한다. 진하면서도 아주 부드러운 맛이 특징이다. 리스트레토 도피오는 연속추출 버튼을 사용해서 15~20㎖를 추출하면 된다. 리스트레토를 맛있게 즐기는 방법 또한 에스프레소와 같이 우유와 설탕을 같이 넣고 마시면 더욱 맛이 있을 것이다.

룽고 Lungo

길게 추출한 에스프레소를 말한다.

에스프레소보다 더 많은 35~40㎖를 추출한다. 연하고 쓴맛이 특징이다.

룽고를 마시는 방법 또한 에스프레소와 크게 다르지 않다. 처음에는 우유와 설탕을 같이 넣어 맛있게 즐기다가 점차 블랙에 도전하면 된다.

도피오 Doppio

영어로는 더블(Double)이다. 두 배의 추출을 의미하기 때문에 도피오는 위에서 알아본 에스프레소와 리스트레토, 룽고 모두 가능하다. 직접하기 힘들경우 한 잔은 에스프레소 잔에 한 잔은 다른 용기에 받아서 바로 합친다.

에스프레소 도피오 : 2잔(50~60㎖)의 에스프레소를 에스프레소 잔에 추출해서 제공한다.

리스트레토 도피오 : 연속추출 버튼을 사용해서 30~40㎖를 추출하면 된다.

룽고 도피오 : 룽고 도피오는 양이 많아 에스프레소 잔에는 받을 수가 없다. 대개 100~120㎖ 잔을 이용해 70~80㎖를 추출한다.

174 All about Espresso

카페 아메리카노 *Caffe Americano* [Hot Menu]

　이탈리안 커피를 미국 커피처럼 즐기는 메뉴이다. 에스프레소에 뜨거운 물을 첨가하여 농도를 흐리게 해서 마시는 커피로, 잔의 크기는 대개 200~360㎖ 잔을 사용한다. 아메리카노는 여러 농도를 즐길 수 있는 메뉴이다. 에스프레소, 리스트레토, 룽고를 이용해서 아메리카노를 만들 수 있다. 이런 방법으로 아메리카노를 만들면 리스트레토로 만든 아메리카노가 물과 많이 희석되므로 가장 연하고, 룽고로 만든 아메리카노가 물과 적게 희석이 되므로 가장 진하다. 아메리카노를 제공할 때는 아메리카노용 티스푼과 물, 설탕 또는 시럽을 같이 제공한다. 아메리카노에 설탕을 넣어 먹거나 좋아하는 각종 향시럽을 첨가해서 즐길 수도 있다.

리스트레토를 이용한 방법
리스트레토 15~20㎖를 추출한 다음 뜨거운 물을 첨가하거나, 물을 먼저 받고 잔에 15~20㎖ 커피를 직접 추출한다.

에스프레소를 이용한 방법
에스프레소 25~30㎖를 추출한 다음 뜨거운 물을 첨가하거나, 물을 먼저 받고 잔에 25~30㎖ 커피를 직접 추출한다.

룽고를 이용한 방법
룽고 35~40㎖를 추출한 다음 뜨거운 물을 첨가하거나 물을 먼저 받고 잔에 35~40㎖ 커피를 직접 추출한다..

카페 마끼아토 *Caffee Macchiato* [Hot Menu]

진한 커피를 부드럽게 마시는 커피 메뉴이다.

마끼아토란 "마크하다", "점을 찍다"라는 뜻을 지니고 있다. 에스프레소 잔에 제공하며, 에스프레소에 우유거품을 2~3 스푼 올려 둥근 모양을 만든 다음 물과 설탕을 함께 서브한다.

마시는 방법은 설탕을 위에 뿌려서 젓지 않고 그냥 마시는 방법과 설탕을 같이 넣어 저어서 마시는 방법이 있다. 각종 향 시럽을 넣어 더욱 다양한 맛과 향을 가미하여 즐기기도 한다.

향 시럽을 이용할 때는 에스프레소를 추출하기 전에 잔에 향 시럽을 적당량 받고 그 위에 에스프레소를 추출해서 거품을 올려주면 된다.

라떼 마끼아토 *Latte Macchiato*

[Hot Menu]

우유에 에스프레소를 부어서 부드럽게 즐기는 커피 메뉴이다.

200~250㎖의 손잡이가 있는 유리잔에 만든다. 먼저 우유거품을 만들고 설탕시럽 15~20㎖를 잔에 부어준 다음 우유와 우유거품을 잔에 반쯤 차도록 붓는다.

다음으로 시럽과 우유가 섞이도록 잘 저어주고 나머지 공간을 채운다. 이때 우유의 양은 에스프레소 1잔이 들어갈 공간을 빼고 붓는다. 우유를 먼저 붓는 이유는 우유와 우유거품이 분리가 되도록 시간을 주기 위해서이다.

라떼 마끼아토를 만들 때는 항상 우유를 잔에 부어 놓고 에스프레소를 추출해야 좋은 모양이 만들어진다. 추출된 에스프레소를 우유 위에 부어주면 되는데, 처음에 조금 부어준 다음 그 위치가 결정되면 빠르게 붓는다. 그래야 우유와 우유거품과 에스프레소의 비율이 맞게 만들어진다.

라떼 마끼아토는 젓지 않고 그냥 그대로 마신다. 우유와 우유거품, 에스프레소, 시럽을 입안에서 혼합시켜 마시는 메뉴이다. 설탕시럽 대신에 카라멜, 헤이즐럿, 딸기, 바닐라, 아이리쉬 등 여러 시럽을 사용하여 여러 가지 맛을 만들 수 있다.

모양이 중요하므로 만드는 순서를 잘 숙지하고 만들어야 그림처럼 맛깔스러운 모양이 만들어진다.

[Hot Menu]   **카페라떼** *Caffe Latte*

　에스프레소(Caffe)와 우유(Latte)를 결합한 메뉴이다. 아침에 식사 대용으로도 많이 마시는 메뉴로 부드럽고 고소한 맛이 특징이다.

　카페라떼 잔은 200~360㎖ 정도를 많이 사용한다. 추출된 에스프레소에 70℃ 정도로 데워진 우유를 첨가하면 된다. 카페라떼는 각 개인의 취향에 따라 다양한 맛을 만들 수 있다.

거품이 있는 카페라떼는 카푸치노와 동일한 방법으로 만들면 된다.

리스트레토로 만든 카페라떼가 우유와 많이 희석되므로 가장 부드럽게 되고, 룽고로 만든 카페라떼가 우유와 적게 희석되므로 가장 진하게 된다. 카페라떼는 농도가 진할수록 고소한 맛과 부드러운 맛은 없어지게 된다. 자기의 기호를 잘 알고 마시면 더 맛있게 즐길 수 있을 것이다.

카페라떼는 설탕 또는 좋아하는 각종 향시럽을 첨가해서 저어 마실 수도 있다. 담백한 맛을 원하면 우유거품이 있는 것이 좋고, 깔끔한 맛을 원한다면 우유거품 없이 데운 우유만 사용하면 된다.

리스트레토(Ristretto)를 이용한 방법
리스트레토 15~20㎖를 추출한 다음 데운 우유를 첨가한다.

에스프레소(Espresso)를 이용한 방법
에스프레소 25~30㎖를 추출한 다음 데운 우유를 첨가한다.

룽고(Lungo)를 이용한 방법
룽고 35~40㎖를 추출한 다음 데운 우유를 첨가한다.

카푸치노 *Cappuccino*

[Hot Menu]

우유와 우유거품이 조화를 이루는 메뉴이다. 부드럽고 진한 맛이 특징이며, 150~180㎖의 잔을 사용한다.

카푸치노는 에스프레소와 우유와 우유 거품의 비율이 맞아야 맛있는 메뉴가 된다. 잔의 높이로 본다면 1:1:1이 되며, 양으로 본다면 1:2:3의 비율이 된다. 양으로는 우유거품이 가장 많이 들어가지만 잔은 아래가 좁고 위가 넓기 때문에 높이로는 1:1:1이 된다. 거품의 양이 잔에서 2cm 이상 덮여야 좋은 품질의 카푸치노라고 할 수 있다. 카푸치노를 만들 때는 에스프레소에 우유와 우유거품을 같이 따르면 된다. 스팀피처에 우유거품을 만들고 잔에 따르기 전에 잘 흔들어서 우유와 우유거품을 잘 섞어준다. 그 다음 잔에 부어야 우유와 우유거품이 분리되지 않고 에스프레소에 잘 섞인다.

완성된 카푸치노는 시나몬이나 초코가루를 뿌려서 즐길 수 있다. 설탕을 위에 뿌린 다음 젓지 않고 스푼으로 거품을 떠먹고 나서 커피를 마시는 방법과 설탕을 넣어 저어서 먹는 방법, 오렌지나 과일을 넣어서 먹는 방법, 좋아하는 향시럽을 첨가해서 먹는 방법 등 다양하게 즐길 수 있다.

우유와 우유의 비율 맞추기가 힘들다면 큰 스푼을 이용해서 먼저 우유 60ml를 붓고 우유거품을 잔에 가득 올린다.

카페 콘판나 *Caffe Con Panna* [Hot Menu]

에스프레소 위에 휘핑크림을 올려 달콤하게 즐기는 메뉴로, 에스프레소 잔에 제공한다.

에스프레소를 추출한 다음 휘핑기를 이용해서 휘핑크림을 올려준다.
 이때는 에스프레소 잔의 벽에 먼저 크림을 붙인 다음 잔의 내벽을 따라 돌려주면 된다.

부드러운 휘핑크림을 사용할 때에는 용기에 담아서 에스프레소 위에 부드럽게 올려주면 나사모양이 만들어진다.
 서빙할 때에는 에스프레소 티스푼과 물, 설탕을 같이 제공한다. 휘핑기를 이용한 카페 콘판나는 티스푼으로 떠서 먹으면 되고, 부드러운 카페 콘판나는 에스프레소와 같이 마시면 더욱 더 맛있게 즐길 수 있다. 또한 설탕을 위에 뿌려주면 새로운 느낌으로 즐길 수 있다.

[Hot Menu]   카페 비엔나 *Caffe Vienna*

진한 카페 아메리카노 위에 휘핑크림을 올려 만드는 메뉴이다.
잔은 150~180ml의 잔을 사용한다.

휘핑기를 사용한 카페 비엔나는 휘핑크림을 티스푼으로 떠서 먼저 먹고 나중에 커피를 마시게 되므로 상대적으로 커피가 더 쓰게 느껴진다. 따라서 미리 설탕을 한 스푼 정도 넣어주고 잘 저어준 다음 물을 붓는다. 그 위에 휘핑크림을 올리는데, 처음에는 잔의 내벽에 크림을 붙이고 잔을 따라 원을 그리며 크림을 올려준다.

만들어진 크림 위에는 레인보우 설탕이나 커피를 올려 장식한다. 때에 따라서는 땅콩이나 아몬드를 사용하기도 한다. 위에 올려놓은 커피는 크림과 같이 먹으면 고소한 맛이 좋아 새로운 맛을 연출하게 된다.

크림을 이용한 카페 비엔나

부드러운 맛의 카페 비엔나는 커피와 크림을 같이 마시는 메뉴이다. 부드러운 크림이 올려지면 커피와 같이 마시게 되어 입안에서 커피와 크림이 혼합되어 마신다. 에스프레소에 물을 8부까지 넣고 그 위에 준비된 부드러운 크림을 올린 다음 레인보우나 커피로 장식한다.

뜨거운 우유를 이용한 카페 비엔나

카페 비엔나를 응용해서 좀 더 부드럽게 즐기고자 한다면 뜨거운 물 대신에 뜨거운 우유를 사용하면 된다. 뜨거운 우유를 부은 다음 휘핑기를 이용한 크림이나 부드러운 크림을 사용해서 카페 비엔나를 만들어 제공할 수 있다.

카페모카 *Caffe Mocha* [Hot Menu]

에스프레소와 우유, 초콜릿과 휘핑크림이 조화를 이루어 달콤하고 부드러운 맛이 특징인 커피메뉴이다.

잔은 150~180ml의 잔을 사용한다.

카페모카 잔에 초콜릿 15~20㎖를 붓고 에스프레소를 추출한다. 스푼을 이용해서 추출된 에스프레소와 초콜릿이 잘 섞이도록 저어준다. 여기에 데워진 우유를 부어 잔의 80%까지 채운다. 정통적인 카페모카는 여기까지이다.

여기에 더 부드럽고 달콤하게 즐기기 위해 휘핑크림을 올리기도 하다. 휘핑기를 이용해서 카페모카용 잔 내벽에 먼저 크림을 붙인 다음 잔의 내벽을 따라 원형으로 돌려서 모양을 만든다. 그 위에 초코시럽과 초코가루로 장식한다.

부드러운 휘핑크림을 이용한 카페모카

카페모카 잔에 초콜릿 15~20㎖를 담고 에스프레소를 추출한다. 스푼을 이용해서 추출된 에스프레소와 초콜릿이 잘 섞이도록 저어준다. 그 다음 데워진 우유를 부어 잔에 8부를 만들어 준 후 준비된 부드러운 크림을 잔에 가득 올려준다. 크림이 곱기 때문에 초콜릿 시럽을 이용해서 아름다운 그림을 연출할 수도 있다. 에스프레소와 초콜릿, 우유, 휘핑크림이 같이 올라와 입안에서 혼합되기 때문에 더욱 더 부드럽고 달콤한 맛을 즐길 수 있다.

카페모카를 응용한 메뉴로는 뜨거운 우유 대신 뜨거운 물을 사용해서 만드는 것도 있다.

물을 사용한 카페모카
우유 대신 물을 사용하면 에스프레소와 초콜릿의 진한 맛과 향을 더 살리면서 칼로리를 줄일 수 있다. 또 깔끔한 맛을 연출할 수 있다는 것도 장점이다.

크림을 싫어하는 사람들이 즐기는 모카커피
크림을 넣지 않은 모카커피는 모카 특유의 맛과 향을 내면서도 우유와 우유거품, 에스프레소와 초콜릿과 조화를 통해 부드러운 맛을 연출한다.

TIP(1) 우유거품 제대로 만들기

먼저 우유 데우기와 우유거품 만들기에 대해 알아보자. 실제로 커피전문점에서는 카푸치노, 카페라떼 등 우유거품이나 데운 우유를 첨가한 메뉴가 많이 팔린다. 따라서 바리스타는 기본적으로 우유거품 만들기 forming 와 데운우유 만들기 steaming 에 대해 잘 알고 있어야 한다.

스팀피처의 선택

스팀피처는 우유거품을 만들거나 우유를 데우는데 사용되는 도구이다. 300㎖, 600㎖, 900㎖ 용량의 스팀피처를 주로 사용한다.

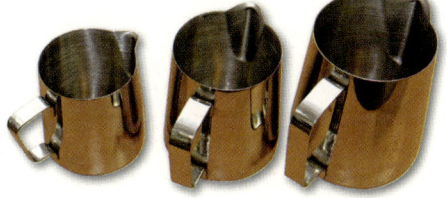

재질

스팀피처는 우유 맛의 변화를 주지 않으면서 데워야 하므로 재질이 중요하다. 유리제품이나 플라스틱 제품보다 스테인리스 재질이 좋다고 알려져 있다. 스테인리스는 다른 재료에 비해 상대적으로 열전도율이 높다. 따라서 우유를 데울 때 우유가 받을 열을 스테인리스 용기가 흡수해 우유가 데워지는 속도를 더디게 함으로써 고품질의 우유거품을 만들 수 있다. 스테인리스 제품은 깨어지거나 변형될 염려가 적어 사용하기에 편리하며, 청소 등 관리에도 유리하다.

모양

스팀피처는 아래 부분은 넓고 위는 좁은 모양으로 만들어져 있다. 이는 에스프레소 기계의 스팀노즐에서 분사되는 스팀의 모양과 일치하는 형태여야 회전이 원활하기 때문이다. 스팀피처 안의 회전이 잘 이루어져야 고운 우유거품을 만들 수 있다.

스팀피처의 두께는 우유 속에 들어 있는 유지방의 함량에 따라 약간의 차이가 있다. 만일 고지방 우유를 사용한다면 조금 더 두꺼운 피처를 쓰는 것이 좋다. 고지방 우유는 열을 가할 때 지방과 단백질이 더 빠르게 분리되는 현상이 일어난다.

따라서 두꺼운 피처를 사용해서 우유에 열이 가해지는 속도를 느리게 해 주어야 좋은 거품을 만들 수 있다.

스팀피처는 우유가 받는 열을 빼앗는 역할을 한다. 따라서 항상 차가운 상태에서 우유 거품을 만들어야 좋은 품질을 얻을 수 있는 것이다. 스팀피처의 크기는 바리스타가 만들고자 하는 양에 따라 선택하면 된다.

우유거품 내는 순서

스팀피처에 우유 담기

스팀피처에 우유를 얼마나 담을 것인가 하는 문제는 전적으로 바리스타의 몫이다. 우유의 양이 적으면 제대로 된 메뉴를 만들 수 없고, 너무 많으면 거품 내기가 어렵고 낭비도 심해진다. 따라서 많은 경험과 연습을 통해 적당량을 담는 능력을 키워야 한다.

일반적으로는 우유의 양은 300㎖ 피처의 경우 120㎖, 600㎖ 피처는 200㎖, 900㎖ 피처는 350㎖ 정도를 담으면 적당하다. 300㎖용은 1잔, 600㎖는 2잔, 900㎖는 3~4잔을 만들면 좋은 우유거품이 만들어진다.

이때 스팀피처는 차가운 상태여야 하며, 우유는 4~5℃의 냉장 우유를 사용하는 것이 좋다. 만일 스팀피처가 차갑지 않으면 우유의 온도가 더 빨리 올라가기 때문에 거품 내기 전에 항상 확인하는 습관을 기르도록 한다.

스팀밸브 열어주기

스팀노즐에는 스팀을 사용한 후 남아 있는 스팀이 식으면서 물이 되어 남아 있을 수 있다. 이 물을 빼주지 않고 그냥 스팀을 사용하면 남아 있는 물이 우유에 섞이면서 농도를 흐리게 만든다. 따라서 우유거품을 만들기 전에 반드시 스팀밸브를 열어 물을 빼주어야 우유의 맛이 달라지는 현상을 예방할 수 있다.

밸브를 열어주는 시간은 약 1~2초 정도가 적당하며, 행주로 스팀노즐을 감싸고 열어주어야 물이 튀는 것을 방지할 수 있다.

스팀노즐의 각도 잡기

우유거품의 질은 기계와 노즐, 그리고 노즐과 우유 표면의 각도에 좌우된다. 이 각도만 잘 잡아도 쉽게 고운 우유거품을 만들 수 있다는 얘기이다.

스팀노즐의 각은 먼저 스팀노즐과 기계가 직각이 되게 잡은 다음 우유 표면과 직각에 가깝게 잡는다. 우유 표면과 직각이 되어야 우유에 미치는 힘이 비슷하게 작용하여 더욱 손쉽게 맛있는 우유거품을 만들 수 있다. 만일 위 그림처럼 노즐과 우유 표면의 각도가 엇각이 되면 고운 거품을 만들기가 어려울 것이다.

노즐 담그기

처음 스팀노즐은 깊이 담그는 것이 좋다. 그래야 넣고자 하는 공기의 양을 잘 조절할 수 있기 때문이다. 만일 처음부터 노즐을 너무 낮게 담그면 강한 스팀에 의해 순간적으로 공기가 많이 주입되기 때문에 고운 거품을 얻기 힘들어질 것이다.

따라서 스팀노즐은 처음에는 깊이 담그고 서서히 높이를 조절하는 것이 좋다.

밸브 열기

모든 커피기계는 약간의 유격(간격)이 존재한다. 이것을 모르면 좋은 거품 내기가 힘들다. 스팀밸브를 돌리다 보면 처음 손에 힘을 빼고 천천히 시계 반대 방향으로 돌리면 잘 돌아가다가 약간 힘이 들어가는 부분이 생기는데, 스팀은 이때부터 나오기 시작한다. 여기서 바로 스팀밸브를 돌리지 말고 엄지손가락이 위로 오게 다시 밸브 손잡이를 고쳐 잡는다.

그 다음 시계 반대 방향으로 엄지손가락이 아래로 되도록 빠르게 돌려주면 스팀 세기가 최대치에 이른다. 이렇게 하면 스티밍 작업이 원활할 뿐만 아니라 작업을 끝낸 후에 바로 온도 변화 없이 밸브를 잠글 수 있다.

공기 주입

노즐을 깊이 담근 상태에서 스팀밸브를 연 다음 오른손은 스팀피처의 위 부분을 잡아 준다.

스팀피처를 아래로 서서히 내리면 스팀노즐 팁이 우유 표면으로 드러나고, 마찰에 의해 1차 우유거품이 만들어지게 된다.

스팀피처를 아래로 내릴 때는 한 번에 내리지 말고 서서히 내려야 한다. 그래야 작은 마찰에 의해 미세한 거품이 만들어지고, 최종적으로 고운 거품을 만들기 위해 혼합시킬 때 작업이 원활하게 이루어진다.

스팀노즐에서 분사되는 스팀이 우유 표면으로 드러나면서 노즐 주위에 있는 공기를 우유 속으로 끌고 들어가게 된다. 때문에 스팀을 만들 때 스팀노즐 주위에 다른 냄새가 나지 않도록 주의해야 한다.

에어 주입은 우유가 스팀피처의 70~80% 정도 찰 때까지 해주며, 이때 온도는 35℃ 이하여야 한다. 에어를 주입할 때는 조금씩 빠르게 주입해야 고운 거품을 만드는 나머지 혼합시간이 길어져 더욱 고운 거품을 얻을 수 있다.

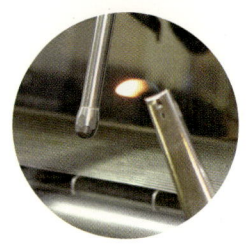

혼합

우유 위에 형성된 작은 거품을 고운 거품으로 만들어 주면서 온도를 높이는 작업이다. 고운 거품을 얻기 위한 최종적인 단계이므로 세밀한 작업이 필요하다.

우선 공기를 주입하기 위해 내렸던 피처를 그 자리에서 그대로 멈춘 상태에서 혼합한다.

이때 위로 올리거나 스팀피처의 각도를 바꾸게 되면 좋은 거품을 얻기가 힘들어진다. 따라서 마찰 소리가 들리지 않을 정도로 스팀노즐의 팁 부분만 담궈주어야 큰 회전을 통해 전체를 빠르고 고르게 혼합할 수 있다.

이 혼합단계에서 생성되는 거품은 없어지지 않기 때문에 공기주입이 끝나면 가급적 공기가 더 이상 주입되지 않도록 주의를 기울여 회전시켜 준다. 혼합이 완전히 이루어지면 스팀피처의 80~90%까지 우유가 차오르게 된다. 이때의 온도는 60~70℃ 사이가 된다.

만일 아이스 메뉴에 우유거품을 사용할 때에는 우유거품의 온도가 높으면 얼음이 녹기 때문에 우유의 온도와 상관없이 우유거품이 다 만들어지면 작업을 완료한다. 아이스 메뉴에 들어가는 우유거품의 온도는 낮을수록 좋다. 신속한 동작으로 공기 주입과 혼합을 해주면 아이스 메뉴에 적합한 좋은 우유거품이 만들어질 것이다.

정상적으로 작업이 완료되면 빠른 동작으로 스팀 밸브를 잠근 다음 스팀피처를 빼준다. 만일 네 번째 그림처럼 스팀노즐이 깊게 잠겨 있다면, 스팀피처의 아래 부분에서만 혼합이 이루어지고 위에 있는 큰 거품들을 아래로 끌고 내려가지 못하기 때문에 우유 표면에 있는 거품의 혼합이 잘 이루어지지 않을 것이다. 혼합할 때 손목에 힘을 너무 주면 이러한 현상이 종종 일어난다. 따라서 거품을 혼합할 때는 손목에 힘을 뺀 상태에서 양손으로 가볍게 잡고 하는 것이 좋다.

잔여 거품 없애기

스팀 내기를 잘 끝내도 약간의 작은 거품들이 남아 있을 수 있다. 이 거품을 없애기 위해 스팀피처를 바닥에 2~3회 두드리고 크게 회전을 1~2회 시켜주면 더 고운 거품을 얻을 수 있다.

이때는 넘치지 않을 정도로만 회전시켜야 한다. 또 이 동작을 너무 오래 하면 우유의 맛은 더 담백해지지만 온도가 내려가서 커피와 희석했을 때 커피맛이 떨어질 수 있으므로 빠른 동작이 필요하다. 이렇게 만들어진 거품우유는 기포가 없이 고와야 하며 응집력이 있어야 한다.

노즐 청소

 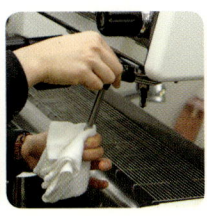 

  스팀을 사용하고 난 다음에는 항상 스팀노즐을 1~2초 열어준 다음 깨끗한 행주를 이용하여 노즐을 닦아내야 한다.
  스팀을 먼저 틀어주는 이유는 스팀노즐이 뜨거워지면서 노즐 안쪽에 남아 있는 우유 찌꺼기들이 굳어 있을 수 있기 때문이다. 그래서 바리스타는 항상 스팀노즐을 사용한 후에는 스팀을 먼저 틀어준 다음 노즐을 닦아주는 습관을 길러야 한다. 이때 사용한 행주는 항상 깨끗한 곳에 보관한다.

3. 우유 데우기

  우유 데우기는 우유거품 내기보다 쉽다. 우유를 데울 때는 노즐을 깊이 담근 상태에서 스팀을 열어 우유의 온도를 높여주면 된다. 우유 온도가 60~70℃ 사이가 되면 스팀밸브를 닫는다. 우유거품 낼 때와 마찬가지로 스팀을 사용한 후에는 반드시 스팀을 먼저 열어 남아 있는 우유찌꺼기를 빼고 노즐을 깨끗하게 닦는다.

TIP(2) 휘핑크림 제대로 만들기

휘핑크림 만드는 방법을 알아보자. 휘핑크림은 휘핑기를 이용하는 방법과 부드러운 크림을 이용하여 직접 만드는 방법이 있다.

휘핑기를 이용한 휘핑크림 만들기

400㎖의 휘핑기를 열고 크림 400㎖를 붓는다. 이때 사용하는 크림은 동물성과 식물성, 과당과 무과당 등의 제품이 있으므로 추구하는 맛에 따라 선택하면 된다. 동물성 크림은 고소한 맛이 특징이고, 식물성 크림은 부드러운 맛이 특징이다. 달콤한 것을 원하면 과당이 첨가된 제품을, 담백한 것을 원한다면 무과당 제품을 사용하면 될 것이다.

 크림 400㎖를 담으면 용기에 ⅔가 찬다. 그 다음 기호나 메뉴의 종류에 따라 각종 시럽을 첨가할 수도 있다. 시럽을 넣을 것인가 말 것인가, 넣는다면 어떤 시럽을 첨가할 것인가는 바리스타가 결정한다.

 휘핑기에는 액체성분 이외에는 아무 것도 첨가해서는 안된다. 휘핑기는 질소가스에 의해 만들어지므로 다른 고체성분을 첨가할 경우에는 추출구가 막혀 위험해질 수 있다. 그러므로 건더기가 있는 것은 어떠한 것도 절대 사용해서는 안 된다. 만일 시럽을 첨가했다면 질소가스를 주입하기 전에 잘 흔들어야 한다. 크림과 시럽이 잘 섞이도록 하기 위함이다.

 그 다음 질소가스를 가스 케이스에 넣어 휘핑기에 결합한다. 질소가스는 대개 나사식으로 되어 있으며, 시계방향으로 힘주어 계속 돌리면 가스가 휘핑기로 들어가는 소리가 난다. 그러면 휘핑기를 흔들어 휘핑크림이 완성되었는지 확인한다. 휘핑크림이 남아 있는 휘핑기는 영업이 끝나면 냉장고에 보관하고, 영업 중에는 밖에 놓고 사용한다.

부드러운 휘핑크림 손수 만들기

 믹싱틴과 믹싱볼을 이용해서 휘핑크림을 만든다.
 먼저 믹싱틴에 크림을 반 이하로 넣고 기호나 메뉴에 따라 각종 시럽을 첨가한다. 원하는 시럽을 넣은 다음 믹싱볼을 결합한다. 믹싱볼이 안 빠지도록 주먹으

로 윗부분을 툭 친다. 그 다음 흔들어 휘핑크림을 만든다. 많이 흔들면 흔들수록 휘핑크림은 굳어진다. 따라서 휘핑크림이 너무 굳지 않도록 적당히 흔들어 주어야 한다. 다 만들어지면 믹싱틴에서 믹싱볼을 제거한다. 부드럽게 만들어진 휘핑크림은 따르기 쉬운 용기에 담아 둔다.

휘핑크림을 다 쓴 후 청소 방법

휘핑크림을 사용할 때 양이 적어지면서 크림이 묽게 나오면 사용이 끝난 것이므로 청소를 해서 새로 만들어야 한다. 청소 전에 휘핑기에 남아있는 질소가스를 완전히 제거하고 나서 오픈해야 한다. 만일 가스가 남은 상태에서 열면 가스의 압력으로 인해 위험해질 수 있다. 따라서 가스를 완전히 제거한 후 추출구를 열고 위 그림처럼 모든 부속을 분리해서 청소한다. 휘핑크림은 찬물로는 잘 씻기지 않는다. 따뜻한 물로 청소해야 잘 씻긴다.

마감 시 청소 방법

일일 영업이 끝났을 때 휘핑기에 휘핑크림이 남아 있다면 다음과 같이 청소를 한 후 보관한다. 휘핑기의 추출구 부분을 분리해서 물로 깨끗이 씻은 다음 냉장고에 보관한다. 청소를 하지 않고 보관할 때에는 휘핑크림의 수분이 말라서 다음날 사용하기가 어려워진다.

청소 후 휘핑기 조립방법

휘핑기를 조립할 때는
분리한 역순으로 하면 된다.

아이스 메뉴 만들기

아이스 에스프레소 *Iced Espresso*

[Ice Menu]

　아이스 에스프레소는 에스프레소를 시원하게 즐기는 메뉴이다. 칵테일 잔과 믹싱틴, 믹싱글래스를 이용해서 만든다. 잔은 200㎖ 정도의 유리 글라스를 사용한다.

　믹싱틴에 얼음 5~6개를 담고 에스프레소 도피오를 추출한다. 아이스 에스프레소는 얼음이 첨가되므로 2잔을 사용해서 메뉴를 만든다. 아이스 에스프레소 또한 아이스 리스트레토, 아이스 룽고도 가능하다. 에스프레소 대신 리스트레토 도피오나 룽고 도피오을 사용하면 된다.

　다음으로 설탕시럽을 10~20㎖를 첨가한다. 준비된 믹싱틴에 에스프레소 도피오를 넣는다. 믹싱틴에 믹싱볼을 결합하고 믹싱볼이 빠지지 않도록 "툭툭" 쳐준 다음 믹싱볼이 빠지지 않도록 믹싱틴과 믹싱볼을 같이 잡는다. 흔들 때는 빠르게 흔들어 주어야 한다. 천천히 부드럽게 흔들면 거친 거품이 생기므로 곱게 만들기 위해 빠르게 흔든다. 약 10번 정도를 흔들어주면 된다. 완성되면 믹싱틴을 잡고 믹싱틴의 윗부분을 손으로 "툭" 치면 "탁" 소리가 나면서 믹싱볼이 분리된다. 남아있는 약간의 거친 거품은 믹싱틴을 테이블에 두드리고 돌려주기를 반복하면 아주 고운 거품이 된다.이 작업이 오래 되면 얼음이 많이 녹으므로 빠른 시간 내에 이루어져야 한다. 작업이 완료되면 준비된 칵테일 잔에 바스푼으로 얼음을 막고 붓는다. 시원함을 유지하기 위해 얼음 1개를 넣는다.

아이스 아메리카노 *Iced Americano*

[Ice Menu]

카페 아메리카노를 시원하게 즐기는 메뉴이다. 아이스 아메리카노도 핫 아메리카노처럼 진한 맛과 부드러운 맛을 만들 수 있다. 아이스 아메리카노는 리스트레토/에스프레소/룽고 도피오를 기본으로 사용하나 연하고 쓴 맛을 줄이고 부드러운 맛을 원한다면 리스트레토1잔, 쓴 맛을 좀 더 높이고자 원한다면 룽고1잔를 사용하면 된다. 일반적인 아이스아메리카노는 에스프레소를 먼저 넣고 그위에 물을 붓는데 커피위에 크레마 표현을 원한다면 찬 물을 먼저 붓고 에스프레소를 그 위에 부어주면 크레마가 위에 뜨게된다

에스프레소를 먼저 붓고 물을 붓는 방법

에스프레소 한 잔을 이용한 부드러운 아이스 아메리카노 만드는 방법

400~450㎖의 아이스 아메리카노잔에 얼음을 가득 담는다.
스테인레스 시럽볼을 이용해서 에스프레소를 추출한다.
얼음이 채워진 아이스 잔에 에스프레소를 붓는다. 에스프레소를 부을 때는 얼음 위에 직접 부어 급속냉각시킴으로써 맛과 향의 변화를 최소화한다. 잔에 9부가 되도록 찬물을 부어준다.
완성된 아이스 아메리카노를 스트로우, 롱 스푼, 찬 우유, 설탕시럽과 같이 제공한다.

에스프레소 두 잔(도피오)을 이용한 부드러운 아이스 아메리카노 만드는 방법

400~450㎖의 아이스 아메리카노잔에 얼음을 가득 담는다.
스테인레스 시럽볼을 이용해서 에스프레소를 추출한다.
얼음이 채워진 아이스 잔에 에스프레소를 붓는다. 에스프레소를 부을 때는 얼음 위에 직접 부어 급속냉각시킴으로써 맛과 향의 변화를 최소화한다. 잔에 9부가 되도록 찬물을 부어준다.
완성된 아이스 아메리카노를 스트로우, 롱 스푼, 찬 우유, 설탕시럽과 같이 제공한다.

물을 먼저 받고 에스프레소를 붓는 방법

크레마를 살리기 위해 물을 먼저 붓고 그 위에 에스프레소를 얼음 위에 천천히 부어 주면 크레마가 위에 뜬다.

물을 먼저 받고 에스프레소 1잔 붓는 방법

400~450ml의 아이스 아메리카노 잔에 얼음을 가득 담는다.
냉수를 잔에 1.5cm 남기고 붓는다.
스테인레스 시럽볼에 리스트레토/에스프레소/룽고 중 1잔을 추출한다.
얼음위 천천히 에스프레소 1잔을 붓는다.

물을 먼저 받고 리스트레토/에스프레소/룽고 중 도피오를 붓는 방법

400~450ml의 아이스 아메리카노 잔에 얼음을 가득 담는다.
냉수를 잔에 2cm 남기고 붓는다.
스테인레스 시럽볼에 에스프레소 도피오를 추출한다.
얼음위 천천히 에스프레소 도피오를 붓는다.

에스프레소 도피오, 룽고, 에스프레소를 각각 사용했을 때 아이스 아메리카노는 위 사진처럼 농도차이를 한눈에 확인할 수 있다.

믹싱틴과 믹싱볼을 이용한 방법

믹싱틴과 믹싱볼을 준비하고 믹싱틴에 얼음을 7부 정도 담는다.
에스프레소 2잔을 추출한다. 그리고 찬물과 설탕시럽을 준비한다.
얼음이 담긴 믹싱볼에 설탕시럽 15㎖ 를 붓고 에스프레소 2잔과 찬물을 첨가한다. 이때 찬물의 양은 200㎖ 정도로 얼음과 평행이 되게 붓는다.
믹싱틴에 믹싱볼을 결합하고 믹싱볼이 빠지지 않도록 "툭툭" 쳐준 다음 믹싱볼이 빠지지 않도록 믹싱틴과 믹싱볼을 같이 잡는다. 다음으로 흔들어 주는데, 흔들 때는 빠르게 흔들어야 한다. 천천히 흔들면 거친 거품이 생기므로 곱게 만들기 위해 빠르게 흔들어 준다. 약 10번 정도를 흔들면 된다. 다 만들어지면 믹싱틴을 잡고 윗부분을 손으로 "툭" 치면 "탁" 소리가 나면서 믹싱볼이 쉽게 분리된다. 남아있는 약간의 거친 거품은 믹싱틴을 테이블에 두드리고 돌려주기를 반복하면 아주 고운 거품이 만들어진다.
작업시간이 길어지면 얼음이 많이 녹으므로 빠른 시간 내에 이루어져야 한다. 다음으로 준비된 아이스 잔을 약간 기울인 상태에서 믹싱틴을 흔들면서 얼음과 같이 부어주면 된다.
완성된 아이스 아메리카노를 스트로우, 롱 스푼, 찬 우유, 설탕시럽과 같이 제공한다.

아이스 카페라떼 *Iced Caffe Latte*

[Ice Menu]

　부드럽고 고소한 카페라떼를 시원하게 즐기는 메뉴이다. 아이스 카페라떼는 개인마다 맛의 편차가 많이 있으므로 다양하게 만드는 방법을 숙지하고 있으면 좋을 것이다.

　아이스 카페라떼를 만들때 고소한 맛을 원하면 리스트레토 도피오, 진한 커피 향과 쓴 맛을 원하면 룽고 도피오를 기본으로 사용하나 연하고 쓴 맛을 줄이고 부드럽고 고소한 맛을 원한다면 리스트레토1잔, 쓴 맛을 좀 더 높이고자 원한다면 룽고1잔를 사용하면 된다.

리스트레토/에스프레소/룽고 중 1잔을 이용해서 부드러운 아이스 카페라떼 만드는 방법
400~450㎖의 아이스 카페라떼 잔에 얼음을 가득 담는다.
스테인레스 시럽볼을 이용해서 에스프레소를 추출한다. 에스프레소와 찬 우유 200㎖를 준비한 상태에서 혼합한다. 먼저 찬 우유를 준비된 잔에 1.5cm 남기고 붓는다. 우유를 부은 다음 에스프레소를 얼음 위에 부어준다.
완성되면 설탕시럽, 물, 스트로우, 롱 스푼과 같이 제공한다.

리스트레토/에스프레소/룽고 중 도피오를 이용해서 만드는 방법

400~450㎖의 아이스 잔에 얼음을 가득 담는다.

스테인레스 시럽볼 2개를 이용해서 에스프레소를 추출한다. 에스프레소와 찬 우유 180㎖를 준비한 상태에서 혼합한다. 먼저 우유를 준비된 잔에 2Cm정도 남기고 붓는다. 다음 에스프레소를 얼음 위에 부어준다.

완성되면 설탕시럽, 물, 스트로우, 롱 스푼을 같이 제공한다.

거품을 첨가해서 즐길 수 있다

거품이 있는 카페라떼 만들기

400~450ml 잔에 얼음을 8부정도 담는다.

스테인레스 시럽 볼에 리스트레토/에스프레소/룽고 중 1잔 또는 2잔을 추출한다.

준비된 잔에 커피를 붓는다

찬우유를 2cm 남기고 붓는다

롱스푼으로 잘 저어준다.

찬 우유 거품 또는 뜨겁지 않은 미지근한(40도 이하) 거품을 잔에 가득 올린다.

아이스 카푸치노 *Iced Cappuccino*

[Ice Menu]

카푸치노를 시원하게 즐기는 메뉴이다.

먼저 아이스 카푸치노 잔에 얼음을 8부 정도 담는다. 우유거품이 올라갈 공간을 제외하고 얼음을 담는다. 에스프레소는 2잔을 추출한다. 아이스 카푸치노는 부드럽고 진한 메뉴이므로 에스프레소 2잔을 주로 사용한다.

아이스 카푸치노에 필요한 재료는 찬 우유 100㎖, 미지근한 우유 거품, 큰 스푼, 에스프레소 2잔, 그리고 얼음을 8부 정도 담은 아이스 카푸치노 잔이다.

카푸치노 만들기

400~450㎖ 잔에 얼음을 8부정도 담는다.
스테인레스 시럽 볼에 에스프레소 2잔을 추출한다.
준비된 잔에 커피를 붓는다
찬우유를 4cm 남기고 붓는다
롱스푼으로 잘 저어준다.
찬 우유 거품 또는 뜨겁지 않은 미지근한(40도 이하) 거품을 잔에 가득 올린다.
메뉴가 다 만들어지면 설탕시럽과 물과 스트로우와 롱스푼을 같이 제공한다.
취향에 따라 시나몬이나 초코가루를 뿌려준다.

아이스 카페 콘판나 *Iced Caffe Conpanna* [Ice Menu]

진한 커피는 마시고 싶은데 부담스러울 때 휘핑크림을 올려 마시는 메뉴이다.

아이스 카페 콘판나 만들기

300또는 600ml 스팀피처에 얼음 5개정도를 담는다.
에스프레소 도피오를 추출한다.
에스프레소를 잘 혼합하면서 급속 냉각을 시킨다.
이때 천천히 하면 얼음이 녹아 연해지므로 빠른 속도로 얼음이 많이 녹지 않게 작업을 한다.

먼저 얼음을 2~3개 200ml 유리 글라스에 담는다.
급속 냉각시킨 에스프레소를 붓는다.
휘핑크림을 올려준다.
원두나 땅콩 등 맛에 큰 영향이 없는 재료로 장식한다.
마실 때는 크림을 녹인 다음 커피와 크림을 같이 마신다.

부드러운 크림으로 아이스 카페 콘판나 만들기

300또는 600ml 스팀피처에 얼음 5개정도를 담는다.
에스프레소 도피오를 추출한다.
에스프레소를 잘 혼합하면서 급속 냉각을 시킨다.
이때 천천히 하면 얼음이 녹아 연해지므로 빠른 속도로 얼음이 많이 녹지 않게 작업을 한다.
먼저 얼음을 2~3개 200ml 유리 글라스에 담는다.
급속 냉각시킨 에스프레소를 붓는다.
부드럽게 만든 휘핑크림을 올려준다.
마실 때는 천천히 크림과 커피를 같이 마신다.

아이스 카페 마끼아또 *Iced Caffee Macchiato* [Ice Menu]

진한 커피는 마시고 싶은데 부담스러울 때 우유 거품을 올려 마시는 메뉴이다. 핫 메뉴처럼 모양은 만들 수가 없으나 맛으로 즐기는 메뉴이다.

카페 마끼아또 만들기

300또는 600ml 스팀피처에 얼음 5개정도를 담는다
설탕시럽 또는 향 시럽을 20ml(선택 사항)를 넣는다.
에스프레소 도피오를 추출한다.
시럽과 에스프레소를 잘 혼합하면서 급속 냉각을 시킨다.
이때 천천히 하면 얼음이 녹아 연해지므로 빠른 속도로 얼음이
많이 녹지 않게 작업을 한다.
먼저 얼음을 2~3개 200ml 유리 글라스에 담는다.
급속 냉각 시킨 에스프레소를 붓는다.
미지근하게 또는 차갑게 만든 거품을 잔에 가득 올린다.

아이스 라떼 마끼아또 *Iced Latte Macchiato*   [Ice Menu]

배고프고 피곤 할 때 시원하게 마시면 좋은 메뉴이다.

우유와 우유거품 중간에 커피로 마크를 하는 메뉴로 마실 때

첫 번째는 젓지말고 스트로우로 거품, 에스프레소, 우유를 순차적으로 흡입해서 입안에서 혼합하여 마시면 색다른 맛을 느낄 수가 있다.

두 번째는 아래 우유, 에스프레소, 거품으로 순차적으로 흡입해서 입안에서 혼합해서 음용 할 수도 있다.

세 번째는 롱 스푼으로 모두 혼합하여 마실 수도 있다.

라떼 마끼아또 만들기

400~450 아이스 잔에 얼음을 8부 담는다.

설탕시럽 또는 향시럽을 20~30ml를 첨가한다.

찬우유를 6부정도 붓는다.

롱스푼으로 잘 저어준다.

미지근하거나 차갑게 만든 우유 거품을 잔에 0.5cm 남기고 부어준다.

에스프레소 도피오를 추출한다.

우유가 준비 된 잔에 우유와 우유 거품이 분리가 된 것을 확인하고 부어준다.

아이스 카페비엔나 *Iced Caffe Vienna*　　［ Ice Menu ］

아이스 아메리카노에 휘핑크림을 얹어 더욱 부드럽고 달콤하게 즐기는 대표적인 아이스 메뉴의 하나이다.

휘핑기를 이용해서 아이스 카페비엔나 만들기

아이스 카페 비엔나 잔에 얼음을 8부 정도 담는다. 휘핑크림이 올라갈 공간을 제외하고 얼음을 담는다. 에스프레소는 2잔을 추출한다. 아이스 카페 비엔나는 휘핑크림이 첨가되는 메뉴이므로 에스프레소 2잔을 주로 사용한다.

아이스 카페 비엔나는 휘핑크림이 만들어진 휘핑기와 에스프레소 2잔과 물 180㎖와 설탕시럽 15㎖를 준비한다.

준비된 아이스 카페 비엔나 잔에 에스프레소 2잔을 붓고 설탕시럽 15㎖를 첨가한다. 설탕시럽과 에스프레소가 잘 섞이도록 저어준 다음 냉수180㎖ 정도를 부어 잔에 8부까지 채운다. 여기에 휘핑크림을 올리고 그 위에 레인보우 설탕이나 커피로 장식한다.

완성된 메뉴는 설탕시럽, 스트로우, 롱 스푼, 물을 같이 제공한다.

부드러운 휘핑크림을 이용한 아이스 카페비엔나 만들기

부드러운 휘핑크림과 에스프레소 2잔, 그리고 물과 얼음을 준비한다.

얼음이 준비된 잔에 에스프레소 2잔을 붓고 냉수를 180㎖를 부어 8부를 만들어 준다. 부드러운 휘핑크림이 첨가되어 커피와 같이 마시기 때문에 당도가 높은 설탕시럽은 첨가하지 않아도 된다. 냉수를 부어준 다음 부드러운 휘핑크림을 올린다. 휘핑크림의 양이 1.5cm정도가 되도록 올리면서 잔에 가득 차도록 한다.

작업이 모두 끝나면 레인보우 설탕이나 원두로 장식해서 마무리한다.

물, 설탕시럽, 롱 스푼, 스트로우를 같이 제공한다.

아이스 카페비엔나를 응용해서 더 부드러운 메뉴 만들기

아이스 카페 비엔나 만들기에서 냉수 대신 찬 우유를 사용한다. 우유가 들어가므로 진한 카페라떼의 맛과 휘핑크림이 어우러져 아주 부드러운 맛을 연출한다.

아이스 카페모카 *Iced Caffe Mocha*

[Ice Menu]

얼음과 초콜릿, 에스프레소와 휘핑크림이 조화를 이루는 달콤하고 부드러운 아이스 메뉴이다.

휘핑기를 이용한 아이스 카페모카 만들기

초코소스와 휘핑기를 준비한 다음 잔에 얼음 8부를 담고 우유 120㎖와 에스프레소 2잔을 준비한다.

용기에 에스프레소를 붓고 초코소스 20㎖정도를 담고 우유 120㎖를 같이 붓는다. 에스프레소와 초코소스, 그리고 우유가 잘 섞이도록 저어준 다음 얼음을 채운 잔에 부어 8부를 만들어준다. 초코 시럽을 컵 안쪽 내벽에 붙인다.

그 위에 휘핑크림을 올리고 초코소스와 초코가루를 이용해서 장식한다.

완성된 아이스 카페 모카는 물, 설탕 시럽을 같이 제공한다.

부드러운 휘핑크림을 사용할 경우는 휘핑기 대신 부드러운 크림을 사용한다.
부드러운 휘핑크림을 올린 다음 그 위에 초코소스로 장식한다.

아이스 카페모카를 응용한 메뉴

깔끔한 아이스 카페모카를 만들기 위해 우유 대신 찬물을 사용한다.

찬물을 사용하므로 당도와 칼로리는 낮추고 에스프레소와 초코의 맛은 살리는 메뉴이다.

초코소스와 에스프레소 2잔, 휘핑크림, 얼음과 물 120㎖를 준비한다.

에스프레소 2잔과 물, 초코소스 20㎖를 용기에 담아 같이 혼합한다.

혼합된 것을 얼음이 담긴 잔에 부어 8부를 만든다.

그 위에 휘핑크림을 올리고 초코소스와 초코가루로 장식한다.

TIP(3) 우유거품 제대로 따르기

잘 만들어진 우유거품을 준비된 에스프레소 위에 따르는 방법이다.

1잔을 만들 경우에는 우유거품을 만든 피처를 그대로 사용하면 되지만, 2잔을 동시에 만들 경우에는 보조피처를 사용하는 것이 좋다. 이는 2잔의 거품을 똑같이 만들기 위함이다. 이렇게 보조용기를 사용해서 2잔을 만들 경우 두 번째 라떼아트를 만들 때는 보조용기에 있는 거품을 부어준다. 그 다음 꼭 회전을 시켜 우유와 우유거품이 분리되지 않도록 혼합을 하여 라떼아트를 만들어야 잘 만들어진다.

이때 사용하는 보조용기는 뜨겁게 데워서 사용해야 한다. 보조용기에 담는 우유는 다 데워진 상태이므로 용기가 뜨거워야 식지 않고 온도를 유지하기 때문이다.

처음 잔에 우유를 따를 때는 적은 양으로 잔 가운데서 5~10cm 정도의 높이에서 부어준다.

이는 크레마의 변화를 최소화하여 안정시키기 위한 동작이다. 크레마가 안정이 되고 크레마 밑으로 우유거품이 형성되어야 라떼아트가 쉬워진다.

이때 잔에 부어주는 위치는 한 곳에 계속 붓지 말고 좌우로 옮겨주는 것이 좋다. 그래야 빠른 시간에 크레마를 안정시킬 수 있기 때문이다. 이 동작은 잔에 반 정도 차오를 때까지 이어져야 한다.

잔에 우유를 부어줄 때 우유거품이 먼저 떨어지면서 하얀 거품자국이 생긴 경우에는 스팀피처를 높이 올려 더 많은 우유거품을 그 주위에 부어주면 없어진다.

잔에 반 정도 차오르면 피처를 잔에 닿을 정도까지 빠르게 내리는 동시에 잔의 가운데 부분에서 흔들어주면서 양을 서서히 늘리면 그림이 그려지기 시작한다. 이것이 라떼아트 그리기 기본동작이다.

정리를 해보면 다음과 같다.

처음에는 잔의 가운데에서 부어준 다음 약 5~10cm 정도의 양을 줄이면서 스팀피처를 올려 잔에 절반 정도 차오를 때까지 간격을 그대로 유지한다. 이는 크레마가 깨지지 않게 하기 위한 동작이다. 크레마가 안정되고 양이 절반을 넘으면 피처가 잔에 닿을 때까지 빠르게 내려 흔들면서 서서히 양을 늘려준다. 거품의 양은 그림이 그려질 때까지 계속 늘리면 된다.

이때 주의할 점은 양이 올라온다고 피처를 잔에서 떨어뜨려 위로 올리면 안된다는 점이다. 이럴 경우 그림이 그려지다가 사라질 수 있기 때문이다.

모양에 따른 잔의 포인트

라떼아트의 기본인 나뭇잎과 하트의 포인트를 알아보자.

나뭇잎을 만들 때는 피처를 잡은 손이 가운데보다 약간 앞쪽에서 우유거품을 부어주기 시작한다.

하트를 만들 때는 피처를 잡은 손이 가운데보다 약간 뒤쪽에서 시작한다.

Brista 7 라떼아트 테크닉

나뭇잎 그리기

[Latte Art]

나뭇잎은 모든 라떼아트의 기본이 되는 디자인이다. 나뭇잎 모양의 라떼아트를 잘 한다면 다른 모양들도 쉽게 만들 수가 있다. 나뭇잎 모양은 어렵지만 잘 할 수 있다면 다른 어떤 모양보다 화려하고 멋있는 연출이 가능하다.

크레마 안정시키기

크레마를 잘 안정시켜야 그림이 선명하고 깨끗하게 만들어진다.

에스프레소를 추출한 잔 가운데에 스팀밀크를 떨어뜨린 다음 5~10cm 정도의 높이를 유지하면서 약간씩 포인트를 옮겨가며 붓는다. 우유를 같은 위치에 계속 떨어뜨리면 떨어지는 위치의 크레마가 깨져서 좋은 모양이 만들어지기 어렵다. 이 동작은 잔에 절반 약간 넘게 차오를 때까지 이루어져야 한다.

이 과정에서는 잔과 스팀피처의 간격을 그대로 유지해야 하며, 스팀피처가 잔 쪽으로 내려와서는 안된다. 그림을 그리기 전에 크레마를 안정시키는 과정에서 스팀피처가 내려오면 크레마가 깨지면서 하얗게 변하기 때문에 원하는 그림을 그리기가 어렵다. 또 그림이 그려진다 해도 좋은 모양의 그림이 그려지지 않는다.

띠 만들기

크레마를 안정시킨 다음 빠르게 피처를 내려 잔에 밀착함과 동시에 좌우로 흔들어준다. 이때 떨어뜨리는 포인트는 잔의 가운데이며, 흔드는 간격은 1cm 정도이다. 스팀밀크의 양은 첫 번째 띠가 만들어질 때까지만 점차적으로 늘려주면 된다. 이때 우유의 양이 적으면 띠가 만들어지지 않고, 너무 많으면 위 그림처럼 만들어지므로 첫 번째 띠를 그리는 포인트가 중요하다.

  잔에 붓는 스팀밀크의 양과 좌우로 흔드는 동작의 크기에 따라서 나뭇잎의 잎 크기와 모양이 달라진다.

  첫 번째 띠가 만들어지면 피처를 뒤로 빼준다. 이때는 흔드는 크기나 양에 변화를 주어서는 안된다. 첫 번째 띠가 생기면 그 각도, 그 양, 그 속도 그대로 유지하면서 뒤로 빠져야 한다.

  또한 스팀피처를 잔에서 떨어뜨리지 말고 잔에 붙인 상태를 유지하는 것도 중요하다. 뒤로 빼주면서 피처를 들면 중력에 의해 가속도가 붙으면서 오히려 그림이 사라지고 만다.

  뒤로 빠지는 속도에 따라 잎의 숫자가 만들어지는데, 빨리 빠지면 잎의 숫자가 적고 천천히 빠지면 많아진다. 처음 그릴 때는 뒤로 빠지기가 쉽지 않기 때문에 아래 그림처럼 양을 많이 부으면서 천천히 빠지게 된다. 이럴 경우에는 잎이 서로 겹쳐질 수 있으므로 주의해야 한다.

마무리

띠를 만든 다음 마무리에 따라 잎의 모양이 변할 수도 있다.

양을 적게 부으면서 마무리를 하는 경우

피처를 낮게 해서 양을 많이 부으면서 마무리를 하는 경우

좋은 디자인을 만들기 위해서는 마무리를 잘 해야 한다. 띠를 완전히 만든 후 끝에서 약간 위로 올리면서 잔의 양을 확인한 다음 다시 약간 위로 올리면서 앞으로 이동해 마무리하면 된다. 그리고 띠를 다 만든 후 끝에서 오래 머물면 끝 부분이 커지므로 크게 되기 전에 마무리하는 것이 좋다.

하트 그리기

[Latte Art]

하트는 많은 사람들이 좋아하는 문양이다. 하트도 나뭇잎과 마찬가지로 크레마 안정시키기, 둥근 원 그리기와 마무리로 이루어진다.

크레마 안정시키기

크레마를 안정시키는 과정은 나뭇잎과 동일하다. 에스프레소를 추출한 잔 가운데에 스팀밀크를 떨어뜨린 다음 5~10cm 정도로 높이를 유지하면서 약간씩 포인트를 옮겨가며 붓는다. 이때 만일 같은 위치에 계속 떨어뜨리면 떨어지는 위치의 크레마가 깨져서 좋은 모양이 만들어지기 어렵다. 이 동작은 스팀밀크가 잔의 절반 넘게 차오를 때까지 이루어져야 한다.

처음 스팀밀크를 잔에 떨어뜨릴 때는 잔의 중앙에서 시작한다. 크레마와 우유가 완전히 분리되어야 색깔대비가 선명해지면서 모양이 만들어지는데, 우유가 잔의 벽면을 타고 떨어지면서 하얗게 떠오르게 되면 하트를 그릴 수 없기 때문이다. 따라서 첫 번째 떨어지는 포인트는 반드시 가운데가 되어야 한다.

원 만들기

크레마를 안정시키면서 하트를 그리기 위한 첫 번째 포인트, 즉 떨어뜨리는 위치는 다음 그림과 같다. 크레마 위에 하얗게 스팀밀크 자국이 만들어지면 뒤로 빠지지 말고 스팀피처와 잔의 높이를 그대로 유지한 상태에서 약간 앞으로 밀어주면서 계속 흔들면 하얀 원이 만들어진다.

만일 작은 원이 만들어질 때 뒤로 빠지면 이중적으로 원이 형성되어 제대로 된 하트를 만들기가 어렵다.

또 너무 많은 양으로 하트를 그릴 경우에는 전체가 하얗게 만들어지므로 선명하게 만들기가 어렵다. 그림이 그려질 때까지 점차적으로 양을 늘려가야 이런 현상을 막을 수 있다.

마무리

마무리는 나뭇잎과 마찬가지로 서서히 위로 올리면서 해주면 된다. 이때에도 3~5cm 정도 높이에서 양을 줄이지 말고 많이 부어주면서 마무리를 해야 하트의 끝모양이 깔끔하게 만들어진다.

하트도 마무리에 따라 모양이 바뀐다. 스팀피처를 낮게 해서 마무리할 경우에는 하트 끝부분이 크게 만들어진다. 반면 적은 양으로 스팀피처를 위로 올리면서 마무리할 경우에는 하트의 끝이 작아진다.

하트를 마무리할 때는 위로 올리면서 마무리해야 좋은 그림이 만들어진다.

하트는 그림을 만드는 높이에 따라 크기가 바뀐다. 예를 들어 잔에서 양을 80% 정도 채운 다음에 만들면 하트가 작아진다.

반면 잔의 절반을 넘을 때 시작하면 큰 하트가 만들어진다.

이런 방법을 이용하면 2개 이상의 하트 만들기도 가능하다.

하트를 응용한 라떼아트

SUPPLEMENT
부록; 서비스 매뉴얼

바리스타가 갖추어야 할 서비스 마인드와 자세

서비스는 카페문화의 꽃이다. 그것은 멀리 농장에서부터 농부의 손길을 거쳐 시작된 커피가 로스터와 바리스타를 거치면서 최종적으로 한 잔의 커피로 완성되는 단계인 동시에 최종적으로 고객에게 전달되어 맛과 향으로 음미되는 마무리 과정이다. 따라서 서비스의 중요성에 대해서는 아무리 강조해도 지나침이 없다. 마무리가 깔끔하게 이뤄지지 않으면 수확과 가공, 블렌딩, 로스팅, 그라인딩, 추출 등 그 복잡하고 어려운 과정이 한순간에 물거품으로 날아갈 수 있기 때문이다. 바리스타는 추출기술자이기에 앞서 서비스맨이다. 바리스타의 최종 평가는 결국 메뉴기술보다 서비스 마인드와 자세에 의해서 결정된다고 해도 과언이 아니다.

이런 점을 감안해 본 장에서는 커피숍에서 바리스타가 갖춰야 할 기본적인 서비스 마인드와 자세, 실제적인 서비스 방법 등에 대해 짚어본다. 이 글은 월간 Coffee&Tea에서 출간한 과일음료 가이드북 「베버리지」 저자로, 리에스프레소를 거쳐 현재는 BTS코리아에서 메뉴 컨설팅 및 서비스 교육을 담당하고 있는 최정화 팀장의 도움을 받았음을 밝혀둔다.

기본자세 | 인사예절 | 전화응대 | 관리 및 접객 | 역할과 태도 | 서비스의 실제

Service 1 기본자세

서비스맨은 기본적으로 바른 자세와 마음가짐을 가져야 한다. 특히 용모, 복장, 표정관리, 자세 등은 그 사람의 첫인상을 좌우하기 때문에 아무리 강조해도 지나치지 않은 기본 요소들이다.

용모
첫 만남에서 단정한 용모를 갖춘 사람은 왠지 신뢰감이 간다. 몸가짐과 용모는 인격의 표현이기 때문이다.

남성
1) 머리 - 앞머리는 눈을 가리지 않는다.
   옆머리, 뒷머리가 귀나 와이셔츠 깃을 덮지 않도록 한다.
   근무 중 빗질을 자주하여 단정한 머리 모양을 유지한다.
2) 면도는 매일 아침 깨끗하게 한다.
3) 눈은 충혈되거나 눈꼽이 끼지 않도록 한다.
4) 이는 식사 후 깨끗이 닦고 냄새가 나지 않도록 한다.
5) 수시로 거울을 보고 용모를 점검한다.

여성

1) 화장 – 너무 진하지 않게, 자연스럽고 평범하게 한다.
2) 헤어스타일 – 유행을 너무 따르거나(지나친 염색 등) 지나친 퍼머는 피한다. 긴 머리는 단정하고 활동하기 편하게 묶어준다.
3) 손톱 – 짧고 깨끗하게 정리한다.
   매니큐어는 무색으로 하고, 벗겨진 채로 활동하지 않도록 주의한다.

복장

앞치마, 모자, 티 등 깨끗한 복장을 유지한다.
1) 유니폼 – 주2회 이상 세탁하고 항상 깨끗함을 유지한다.
2) 바지 – 곤색이나 검정색 계통의 바지를 입는다.
   수시로 옷 매무새를 점검하여 단정한 차림새를 유지한다.
3) 명찰 – 명찰은 이름이 보이도록 항상 착용하며, 왼쪽 가슴에 바르게 패용한다.
4) 구두 – 남 직원 • 구두는 항상 청결함을 유지한다.
여 직원은 가능한 단화(구두)를 신는다.(커피색 계통의 스타킹 착용)

표정관리

1) 미소 – 어떠한 상황에서도 웃을 수 있도록 스스로를 훈련하자.
   미소는 돈이 들지 않는 가장 비싼 치장이다.
2) 표정 – 표정이 맑으면 음성이 경쾌해지며 응대 태도가 밝아진다. 평소의 표정은 온화하게 하며 얼굴 전체에 자연스러운 미소를 띠도록 한다.
   표정은 곧 그 사람 마음의 Message를 담고 있다.

4. 대기자세

1) 두 손을 모으고 허리를 편 자세로 손님들을 향해 서 있는다.

2) 뒷짐을 지거나 주머니에 손을 넣지 않는다.

3) 카운터 주위에서 사적인 잡담을 하지 않는다.

4) 수시로 정리 정돈 및 먼지제거를 하며 또는 제품 및 메뉴를 연구한다.

5) 흡연은 매장 입구에서 하지 않으며 고객이 없는 곳, 출입구를 벗어난 장소에서 한다.

5. 기타

1) 직원간 호칭 - 매장 내에서 직원간의 상호 존칭을 사용한다.

2) 제품을 가르킬 때 - 손을 모으고 시선과 함께 위치를 알려준다.

※ 주의 : 손가락(약지)으로 지시하지 않는다.

 # 인사예절

인사는 항상 먼저 즐거운 마음으로 얼굴에 미소를 머금고 고객의 눈과 가볍게 마주치고 진실을 담아 바른 자세로 한다.

1. 인사의 기본방향

항상 손님을 바라보고, 얼굴에는 미소와 함께 밝은 인사를 나누고 정성스런 마음으로 한다.

2. 미소/웃음 요령

얼굴 전체

1) 아/에/이/오/우 발음 연습
2) 모든 근육을 귀 바깥쪽으로 당겨 10초간 멈춘다.
3) 모든 얼굴 근육을 안으로 모아 10초간 멈춘다.
4) 얼굴 근육의 힘을 모두 뺀다
5) 위의 4가지 동작을 반복한다.

눈

1) 목의 근육을 쭈~욱 편다 (10회 반복)

2) 눈썹만 상하로 움직인다. (3회 반복)

3) 정면을 바라본 상태에서 눈동자만 좌우로 돌린다.(3회 반복, 10초간 휴식)

4) 사시연습 (검지 손가락을 눈 사이에 두고 5초간 응시)

5) 윙크를 한다.

6) 눈동자를 천천히 크게 돌린다.

입

1) 어금니 앙 물기 (5회 실시)

2) 목에 힘줄 드러내기

3) 혀 굴리기(혀를 내민 다음 혀끝에 힘을 주어 둥근 원을 그리듯 돌린다.)

4) 입술을 최대한 귀 쪽으로 잡아당긴다. (5회 반복)

5) 입 벌려 하늘 보기 (3회 반복)

3. 인사요령

인사는 마음의 표현이다. 자신 있게 인사하는 것이 중요하다.

자세

- **남성** : 가벼운 차려 자세에서 (양손은 바지 재봉선 위에) 45℃ 숙여 인사
- **여성** : 가벼운 차려 자세에서 오른손을 위로하여 앞으로 모은 자세로 정중히 인사

인사는 상황에 맞게

- 고객이 점포로 왔을 때

    밝은 표정(미소), 힘찬 목소리로 "안녕하십니까, OO입니다."

    또는 "어서 오십시오. OO입니다."

- 고객이 나갈 때

    "감사합니다. 안녕히 가세요. 또 오십시오."

 전화응대

기본 예절

- 벨이 3번 울리기 전에 받고 "정성을 다하는 OO입니다"라고 경쾌하게 인사한다.
- 통화는 밝은 목소리로
- 메모는 꼼꼼하게
- 벨이 4번 이상 울린 후 받았을 경우 "늦게 받아 죄송합니다"라고 미안한 마음을 담아 응대한다.
- 고객이 끊은 것을 확인 한 후 수화기를 내려 놓는다.

상황에 따른 전화 응대 요령

고객이 OO 제품에 대하여 문의할 때

신속하고 정확한 말투로 상세히 답해 준다.
"네, 먼저 문의를 주셔서 감사 드립니다. 저희 OO 제품은…"

전화 응대 중 고객이 들어왔을 때

내점 고객을 응급 응대한 후 신속하게 다시 통화한다.
"죄송합니다만, 잠시만 기다려 주시겠습니까?"

관리 및 접객

매장관리 – 항상 깨끗이

정리/정돈

매장 주변	• 매일 조회 후 청소하며, 주차장도 포함하여 청소한다. • 수시로 점검을 하여 담배꽁초가 없도록 한다. • 매장 입구 깔판은 항상 깨끗하도록 수시로 점검하며, 출입문은 손자국이 없도록 관리한다. • 간판이나 유리창은 상태에 따라 주기적으로 청소를 하여 청결을 유지한다. • 배송품이나 택배제품은 품목별로 매장 입구 한쪽에 가지런히 정렬한다. • 빈 박스나 스티로폼은 고객의 눈에 띄지 않는 장소에 정리하여 청결을 유지한다.
바닥 및 정수기	• 매일 물걸레로 청소를 한다.
커피머신 주변	• 항상 바닥에 오물이 없도록 한다. • 정수기, 커피머신, 휴지 등은 수시 청소하며, 작동여부와 컵 유무를 확인한다.
제품 & 진열대	• 마른걸레로 먼지를 제거하며, 고객이 없을 때 수시로 청소한다.
조명	• 밝기, 먼지, 점등 여부를 일일이 점검하며, 먼지 제거는 월1회 실시한다.
방향제	• 출입구 및 각 모퉁이에 방향제를 설치하여 향기로운 매장을 유지한다.
화장실	• 물청소를 하여 바닥에는 물기가 없도록, 일3회 이상 점검한다. • 휴지와 비누 및 수건을 항상 비치하며, 수건은 매일 교체한다. • 재떨이에는 담배 꽁초가 없도록하며 수시 점검으로 청결을 유지한다. • 거울은 마른 수선으로 닦아 물기나 자국이 없도록 한다. • 벽에는 그림액자나 명언을 부착하고 창문틀에는 꽃을 비치한다.

음악

① 시간대별과 고객의 많고 적음을 고려하여 적절한 음악을 틀어 매장 분위기를 연출한다.
- 오전 및 늦은 오후(7시 이후) 또는 고객이 적을 때는 발라드 풍의 음악
- 오후 또는 고객이 많을 때는 빠르고 경쾌한 음악으로 분위기 연출

② 매장 밖에도 매장 내부와 동일하게 음악을 틀어준다.
③ 볼륨은 고객의 대화에 방해가 되지 않는 범위 내에서 적당하게 한다.
④ 음악은 끊이지 않도록 담당을 정한다.
⑤ 여러 종류의 CD를 비치하여 가능한 최신곡이나 유행곡을 튼다.
⑥ 매장 CIP시 내부 스피커를 좋은 것으로 설치하여 음질을 좋게 한다.

올바른 접객 용어

고객에 대한 호칭

버려야 할 호칭	바람직한 호칭
저!...	죄송합니다만
어떻게 하지?	어떻습니까
잘 모르겠는데요.	잘 모르겠습니다만, 확인해 보겠습니다.
부탁합니다.	부탁드립니다.
그렇습니까?	그러십니까?

대화의 언어

버려야 할 호칭	바람직한 호칭
아주머니	사모님
○○○ 씨	○○○님 (선생님)

누굽니까?	어느 분이십니까?
나이가...	연세가
아이	자제
내가	제가
저희 사장님께서는	저희 지점장께서는

접객 기본 용어

① 고객을 맞이 할 때 (자신감 있는 목소리와 밝은 미소로)

"안녕하십니까, 어서 오십시오."

② 고객의 요구가 있을 때

"네, 잘 알겠습니다."

③ 고객을 기다리게 할 때

"죄송합니다만, 잠깐만 기다려 주십시오."

"오랫동안 기다리셨습니다."

④ 고객이 구매 결정을 했을 때

"감사합니다." 또는 "고맙습니다."

⑤ 대금을 받았을 때

"○○○원 받았습니다."

⑥ 거스름 돈, 영수증을 드릴 때

"○○○원 영수증과 거스름돈 ○○○원입니다."

⑦ 고객을 배웅할 때

"감사합니다. 안녕히 가십시오, 또 들러 주십시오(좋은 하루 되십시오.)"

접객 & 행동지침

메뉴	• 어떤 메뉴를 드시겠습니까?(고객에게 메뉴 선택권을 준다.) • 각각의 메뉴를 설명하고 고객의 상황에 맞는 메뉴를 선택하도록 돕는다.
가니쉬 선택	• 설탕을 넣을 것인지, 향시럽(헤즐럿, 아이리쉬, 바닐라)을 첨가할 것인지, 카푸치노에 시나몬이나 초코가루를 뿌려드릴 것인지, 소스(다크초코, 화이트초코, 캐러멜초코)는 무엇으로 할 것인지 친절하게 물어봄으로써 고객이 직접 선택하도록 한다. ※ 고객의 선택에 따라 메뉴를 만들되 해당 메뉴를 고객에게 확인한 후 리드, 홀더, 스트롱, 냅킨 등을 전달한다.
드시는 방법	• 에스프레소는 설탕10g을 넣고 3번에 걸쳐 드시면 좋습니다. • 카페라떼는 컵을 흔들어 드시면 더 맛있게 드실 수 있습니다. • 모카는 휘핑크림을 스푼으로 섞어 드시면 좋습니다. ※ 먹는 방법과 함께 열량 및 메뉴를 드시는 시간대를 알려준다.

접객 판매 단계별 흐름(10단계)

단계	기본동작	유의사항
1단계 대기	• 매대(제품)에서 10~15cm 떨어져서 발 뒤꿈치를 붙이고 허리를 편 자세로 출입구를 향해 서 있는다. • 표정은 항상 밝게(미소)한다.	• 뒷짐을 지거나 주머니에 손을 넣지 않는다. • 카운터 주위에서 사적인 잡담을 하지 않는다. • 상품이나 매대에 기대지 않는다. • 수시로 정리정돈 및 먼지제거를 하며 제품 공부를 해둔다.
2단계 접근	• 신속하게 접근하여 밝은 미소로 인사. "안녕하십니까? 어서 오십시오." • 목소리는 자신감이 넘치게 한다.	〈효과적인 접근 타이밍〉 • 고객이 멈춰 서서 상품에 눈길을 돌렸을 때 • 시선이 특정메뉴와 가격표에 오래 머물 때 • 고객이 상품에 대한 얘기를 할 때 • 고객과 시선이 마주쳤을 때

단계	기본동작	유의사항
3단계 응대	• 성심 성의껏 1인 1명 응대 • 고객의 입장이 되어 신속하게 행동 • 고객의 미간 부위를 보고 응대	• 한 번에 여러 고객을 응대하지 않는다. • 고객의 입장에서 호감과 신뢰를 느끼게 정중한 말씨 사용 • 이해하기 쉬운 말과 용어를 사용
4단계 메뉴 제시	• 고객이 원하는 상품을 확인한다. • 고객의 메뉴 문의에 대해 설명한다. • 고객에게 친절히 맛에 대한 설명을 간단히 한다.	• 상품에 대한 자신감을 가져라. • 고객이 자유롭게 문의할 수 있도록 • 고객의 입장에서 고객 중심으로 정중하게
5단계 메뉴 설명	• 풍부한 메뉴 지식을 갖추고 사용되는 재료가 무엇이고, 그 메뉴의 특징이 무엇인지 설명한다. • 고객이 알고싶어 하는 것을 자세히 설명한다.	• 메뉴를 판다기보다 맛 있는 건강음료를 제공함으로써 고객과 공감대를 형성해 나간다고 생각하자. • 경험과 지식의 메모를 통하여 자신만의 Know-How를 만든다.
6단계 결정	• 감사의 인사를 한다. • 가격을 확인하여 드린다. 〈효과적인 클로징 화법〉 • 상품에 대한 확신을 바탕으로 고객이 제품에 갖는 의문점, 망설임, 불안요소 등을 해소시켜 줄 수 있어야 한다. (글쎄요~, ~같은데요, ~할거에요 등 불확실한 단어 사용금지) - (예~할 수 있습니다. ~입니다.) • 고객의 비판을 수용하라.	〈클로징 시기〉 • 함께 온 사람에게 동의를 구하는 경우 • 시선이 한 상품에 오래 머물 경우 • 권유사원의 설명 후 긍정적인 반응을 보일 때
7단계 포장	• 리드는 컵에 잘 끼워졌는지, 신속하고 깨끗하게 한다. (고객 대기시간 절약)	• 컵은 확실하고 견고하게 한다. • 컵 캐리어는 튼튼한 것을 쓰고, 전달할 때 정확하게 전달한다.
8단계 입금	• 대금을 받은 즉시 고객이 보는 앞에서 확인한다. "○○원 받았습니다."	• 영수증 금액을 확인한다.
9단계 인계	• 상품은 소중히 다루며 반드시 두 손으로 드린다. "고맙습니다." 또는 "감사합니다."	• 먼저 거스름돈과 영수증을 드린 다음 확인 후 상품을 인도한다.
10단계 전송	• "안녕히 가십시오. 또 오십시오" • 고객이 매장을 떠나는 순간까지 소홀히 해서는 안된다.	• 고객 전송 후 대기 시에는 흐트러진 매장을 재정비하거나 POP, 가격표 등의 상태를 재점검한다.

Service 5 역할과 태도

에스프레소는 짧은 시간 안에 만드는 음료다.
개인의 취향을 존중하여 한 잔 한 잔 정성들여 만들어내야 하기 때문에 무엇보다 직원들의 역할이 중요하다.

구성원의 자질과 임무

업체의 규모와 직원의 수, 업주나 매니저의 의견에 따라 달라질 수 있으나, 매장을 운영하기 위해서는 기본적으로 매니저(혹은 업주), 바리스타와 계산원이 필요하다.

계산원이 손님의 주문을 받아 바리스타에게 주문이 적힌 메모용지를 넘기는 등 빠르고 효과적인 서비스를 제공하는 예가 많다.

매니저

① 자질
- 매장을 한 눈에 볼 수 있는 전체적인 눈과 직원들의 작업 수행 상황, 손님들의 요구, 매장 곳곳의 상황을 파악하는 꼼꼼함이 동시에 필요하다.
- 업주가 가게 운영을 맡긴 만큼 책임감이 강하고 사명감이 투철하며, 종업원들에게 엄격하면서도 모범을 보일 수 있는 자질이 요구된다.

② 임무
- 직원들을 적재적소에 배치하고 그들 간의 의사소통이 원활한지, 맡은 일에 성실히 임하고 있는지, 손님들을 대함에 있어 소홀함은 없는지 늘 확인한다.
- 매장 오픈 전 간단히 모닝 브리핑을 할 준비를 한다. 그리고 근무를 교대할 때마다 직원 개개인의 그 날 임무를 주지시키고 일과 후 평가를 통해 격려와 실수를 지적해 준다.
- 1주일에 한 번 30분씩 매장의 효율적인 운영을 위해 주간 브리핑을 준비하며 적어도 한 달에 한 번은 커피나 메뉴에 대한 세미나를 열어 직원의 지적인 욕구를 채워준다.
- 청결에 힘쓴다. 식음료 분야는 무엇보다도 깨끗한 인상과 위생관리가 필수이므로 더러운 것이 없나 항상 체크한다.
- 고용주와의 잦은 대화를 통해 미비한 점들은 신속히 개선하도록 노력한다.
- 항상 솔선수범한다.

바리스타

① 자질
- 바리스타는 음료를 신속하고 정확히 만들어내는 기술을 갖추고 있어야 한다.
- 손님의 질문에 적극적으로 답할 수 있는 지식과 인내심을 동시에 겸비해야 한다.
- 두 번 이상 온 손님이 무엇을 찾는지 기억할 수 있는 성의가 필요하다.
- 오랜 시간 서서 일해야 하므로 건강한 신체가 뒷받침되어야 한다.

② 임무
- 매장에서 제공하는 모든 메뉴를 신속하고 정확하게 만들어내야 한다.
- 매니저나 계산원과의 조화로운 관계를 늘 유지하고 서로 돕는 자세를 취해야 한다.
- 자신의 직업에 대해 긍정적인 사고를 가지고 손님이 묻는 질문에 적극적으로 답한다.
- 항상 새로운 음료 개발을 위해 적극 노력한다.

계산원(카운터)

① 자질
- 현금을 다루는 직업이므로 무엇보다도 신용이 확실하고 계산기를 능숙히 다룰 수 있어야 한다.
- 필요에 따라서는 암산이 가능할 정도로 수에 밝은 사람이 적합하다.
- 손님이 가게에 들어왔을 때 가장 먼저 만나는 사람이므로 밝고 친절한 자세를 유지해야 한다.

② 임무
- 손님이 매장에 들어오는 것과 동시에 인사를 한다.(어서 오십시오!)
- 만약 손님이 많아 줄이 길어지면 기다리는 손님들에게 양해를 구하는 것을 잊지 않는다.
- 손님과 말할 때는 손님의 눈을 편안하게 응시하며 얘기한다.
- 계산원의 가장 중요한 임무는 정확히 주문을 받아 바리스타에게 전달하는 것이다.

- 돈 계산에 오차가 있어서는 안된다.
- 항상 웃는 얼굴로 손님을 대한다.

가상 시나리오

시나리오 1

커피전문점 단골인 재동 씨는 오늘도 출근 전에 마실 모닝 카푸치노를 테이크아웃하기 위해 커피전문점의 문을 열고 들어선다. 서너 명 뒤에서 그의 차례를 기다린다.

오늘이 첫 출근인 바리스타 초짜 씨는 공교롭게도 제일 바쁜 시간인 출근시간에 손님들을 맞게 된다. 그는 기계 작동 방법을 배우고 매니저에게 커피음료 만드는 것을 한 두 시간 배운 것이 고작이다.

초짜 : (인사 없이 계산기를 쳐다보며) 뭘 드릴까요?
재동 : 저지방 우유와 에스프레소 더블샷으로 만든 카푸치노요.
(초짜 씨가 주문된 음료를 만들기 시작한다. 5분 이상 걸려 나온 카푸치노는 재동 씨 요구와는 상관없이 보통 우유에 탬핑을 제대로 하지 않은 싱글샷 에스프레소로 만들어 카페라떼인지 카푸치노인지 모를 정도다.)
재동 : 이건 제가 요구한 스타일이 아닌데요.
초짜 : 별로 드셔보신 경험이 없으신가본데, 원래 그 음료는 그 맛에 드시는 겁니다.
(재동 씨는 아무 말 없이 가게를 나왔다. 다시는 이 집에 오지 않겠다는 다짐을 하면서...)

앞의 상황은 꾸며진 것이지만 우리가 실제로 부딪칠 수 있는 모습이라고 할 수 있다. 만약 매장의 매출이 떨어지고 있다면 혹시 바리스타나 판매원이 초짜 씨 같은 사람이 아닌가 의심해봐야 할 것이다. 우아한 인테리어나 좋은 기계를 구비하는 것 이상으로 일 하는 사람의 마인드와 능력이 중요하다.

우리나라 사람들이 아직 에스프레소 맛에 익숙하지 않다고 해서 아무렇게나 서빙한다면 이는 큰 잘못이다. 이런 안이한 생각이야말로 아직 성숙되지 않은 에스프레소 문화 속에서 처음 에스프레소 음료를 접한 사람들의 재시도를 막는 일이다. 또 그것은 조금이라도 커피 맛을 아는 사람들이 다시는 당신의 가게를 찾지 않게 하는 요인이 될 것이다.

따라서 시간과 경제적인 지출이 조금 더 필요하다 해도 먼 안목으로 볼 때 직원교육에 관한 투자는 가장 확실한 이윤으로 돌아올 수 있는 키포인트다.

시나리오 2

오늘 첫 출근인 바리스타 김 씨는 바쁜 출근시간을 피해 오전 10시쯤 작업장에 배치되었다. 간단한 브리핑을 마친 후 손님들을 맞이하기 시작한다. 그런데 갑자기 손님들이 들이닥쳐 서너 명이 줄을 서 있는 상황이 벌어졌다.

바리스타 김씨 : (계산대 바로 앞에 서 있는 오 씨 눈을 맞추며) 안녕하세요?
(오 씨 뒤에 서 있는 손님들에게) 잠시만 기다려 주십시오.
(다시 오 씨에게) 무엇으로 하시겠습니까?

오씨 : 늘 마시던 카푸치노로 주세요.

김씨 : 죄송합니다. 손님, 제가 오늘 처음 시작해서 그러니 어떤 스타일로 드시는지 설명해 주시겠습니까?

오씨 : 저지방 우유에 에스프레소 더블샷으로 하지요.

김씨 : 예, 잠시만 기다려 주십시오.

(신속하고 정확한 자세로 한 치의 어긋남이 없이 3분 만에 카푸치노를 뽑아 건네며)

　　　　맛있게 드십시오. 다음에 오시면 꼭 기억해 두겠습니다.

오씨 : 처음이시라며 굉장히 빠르시군요. 커피도 맛있구요.

김씨 : 감사합니다.

(오씨는 다음 커피를 마실 때를 기대하면서 가게를 나온다.)

서비스의 실제

서비스는 평가하는 사람의 가치 기준에 따라 달라질 수 있다.

미소

미소는 표정의 미소, 언어의 미소, 행동의 미소에서 시작된다. 최고 서비스 역시 미소라고 할 수 있다.

서비스 기본이 되는 10대 키워드

고객을 영접하거나 서빙할 때, 나아가 배웅을 할 때 서버는 다음과 같은 말을 아끼지 말아야 한다.

- ♥ 어서 오세요. 몇 분이십니까?
- ♥ 예, 잘 알겠습니다.
- ♥ 감사합니다.
- ♥ 실례합니다.
- ♥ 죄송합니다.
- ♥ 잠시만 기다려 주세요.
- ♥ 오래 기다리셨습니다.

♥ 이쪽으로 오십시오.

♥ 무엇을 도와드릴까요.

♥ 안녕히 가십시요.

고객을 향한 배려

고객은 별의 별 사람이 다 있다. 고객에 따라 원하는 것이 다르고 취향이 다르기 때문에 고객 모두를 만족시키고 나아가서 감동시키는 일은 결코 쉽지 않다. 그러나 고객 한 사람 한 사람에게 진심에서 우러나오는 정성으로 서비스한다면 이를 거부할 고객은 없을 것이다.

"공휴일이나 일요일 등에 쏟아져 들어오는 고객으로 인해 점심도 제대로 먹지 못하고 근무하다보면 고객이 들어오는 것조차 징그러운데 미소가 어떻게 나올 수 있는가? 내 자신이 힘들고 짜증스러운데 어찌 고객을 향해 항상 미소를 지을 수 있겠는가?

그러나 서비스인은 어떠한 환경에서도 고객을 향해 미소를 잃지 말아야 한다. 이는 너무도 기본적인 일이다. 이런 마음가짐이 바로 서비스의 기본정신이자 자세인 것이다. 서비스맨은 힘들고 짜증이 나는 경우라도 이를 참고 고객의 기쁨을 위해 자기를 희생하겠다고 각오한 사람이다.

접객용어의 올바른 사용

완곡한 표현으로 상대의 입장을 살려주는 어법

① 쿠션용어("미안합니다. 죄송합니다. 실례합니다")로 바꿔 말한다.

 손님 : (단체시) 여러 명이니까 좀 더 싸게 해 주세요.

서버1 : 안됩니다. 그 이상 가격할인은 안됩니다.

서버2 : 죄송합니다만, 그 이상은 좀...

② 쿠션용어+부탁형식으로 한다.

카운터나 주방으로 들어가려는 손님에게

서버1 : 거기 들어가지 마세요.

서버2 : 죄송합니다만, 거기 들어가지 않으시면 좋겠습니다.

③ 수용법을 적극 활용한다.

손님의 질문에 대해 즉시 부정하면 기분이 상하게 된다.

손님 : 커피 마시면 잠을 잘 수가 없잖아.

서버1 : 아닙니다. 이 커피는 상관없습니다.

서버2 : 그럴수도 있겠네요. 하지만 신선한 원두로 바로 추출했기 때문에 카페인이 매우 적답니다. 집에 도착하셨을 때쯤에는 카페인 성분이 이미 분해되어 좋은 밤이 되실 것입니다.

④ 부정어를 긍정어로 바꿔 말한다.

별 생각 없이 사용한 부정어 때문에 자신도 모르게 손님을 화나게 만들면 곤란하다. 서비스 도중 이러한 일이 발생하지 않도록 부정어를 완곡하게 표현하는 습관을 길러야 한다.

예1) 기다리는 손님이 "빨리 주세요"라고 했을 때;
"지금 당장 안됩니다"보다는 "5분이면 됩니다"라고 표현한다.

예2) 금연구역에서 담배를 피울 때;

"거기서 담배를 피우지 마세요"라고 하기보다는 "담배는 흡연실에서 피워주세요"라고 요청한다.

⑤ 상대의 가치를 인정하고자 노력하자.

사람은 누구나 자신이 존재가치가 있다고 생각하며, 그 연장선상에서 생활방식과 사고방식의 가치를 인정받고자 한다. 때문에 이 가치를 부정하는 말을 들으면 자존심 상해하거나 분노하기 마련이다.

"메뉴판에 적힌 대로입니다", "간판에 나와 있겠죠", "가격이 가격이니만큼-"

이런 말들은 '메뉴도 잘 읽지 못하면 곤란하죠', '간판에 있는 내용인데 이해를 못하다니', '싼 것을 원하니 어쩔 수 없죠' 라는 뜻으로 들릴 가능성이 큰 말들이다. 이런 말을 듣게 되면 두 번 다시 그곳에 오고 싶지 않게 될 것이다. "죄송합니다만, 그 이상은 곤란합니다"라고 한다면 피차간에 얼굴 붉히는 일 없이 부드럽게 넘어갈지 않을까.

궁금한 점을 잘 설명하면서 점포를 알리는 법

손님은 점포에 들어와서 모르는 것이 있으면 서버에게 질문을 하고 싶다. 이때 서버가 대답을 못하거나 이해하기 어려운 말을 하면 같은 질문을 되풀이하게 된다. 그것이 반복되면 묻는 것이 싫어지고 기분도 나빠진다. 따라서 서버는 정확히 알고 바르게 설명할 수 있는 능력을 지녀야 한다.

① 정확성

질문 받은 내용을 정확하게 듣고 손님이 요구하는 것이 무엇인지를 알아 정확하게 대답하는 습관을 들인다.

손님 : 지방이 없는 우유 커피를 주세요.

서버 : 그냥 카푸치노만 있는데…

여기서 손님은 저지방 생우유로 만든 카푸치노 메뉴를 말한 것이다.

이럴 경우 서버의 대응방법에 따라 손님의 기분은 달라진다. 서버의 입장에서만 보면 한창 바쁠 때 손님이 이것저것 물어보는 것만큼 귀찮은 일도 없다. 그러나 손님은 점포측의 입장은 상관없다. 자신이 궁금한 것을 알지 못하면 불편하고 불만이 남는다. 어떠한 상황이라도 손님이 질문을 하면 필요한 것이 무엇인지 정확히 파악한다. 답변은 정확할수록 좋다. 마음대로 대답하는 게 아니라 모르면 정확히 알아보고 대답한다.

이때 중요한 점은 반드시 손님의 지적 호기심을 만족시켜줘야 한다는 것이다. 손님이 불만을 품은 채 점포를 나서게 하는 일은 절대로 없어야 한다.

② 구체성

구체적으로 말하는 습관을 들인다. 질문한 메뉴, 효용성, 첨가되는 재료, 맛, 형상, 서비스의 특징 등을 구체적으로 대답한다.

손님 : 카페모카는 어떤 겁니까?

서버1 : 예, 초코를 첨가시킨 커피입니다.

서버2 : 예, 커피에서 초코맛이 난다고 하여 카페모카라고 합니다. 초코와 에스프레소, 우유를 섞고 그 위에 휘핑크림을 얹은 다음 초코시럽과 분말로 장식하여 만듭니다. 열량이 130칼로리 정도이므로 시장하실 때 드시면 더욱 좋습니다.

서버2의 말을 들은 손님은 카페모카의 이미지를 즉석에서 그려볼 수 있다. 여기에 효용성까지 알게 된 이상 즉시 마시고 싶어질 것이다. 이러한 대답은 즉석에서 생각하기 어려우므로 평소 내용을 익혀두고 틈날 때마다 직원들끼리 역할을 정해서 연습하면 좋을 것이다.

이해를 돕기 위한 구체적 표현의 예는 다음과 같다.

- 숫자를 활용한다.
- 양이 많다, 적다, 크다, 작다, 시간이 빠르다, 늦다 등의 표현은 사람에 따라 판단기준이 다르다.
- 이런 애매한 표현은 숫자로 바꿔 말하는 것이 좋다. (10분, 5그램, 8온스 등) 대비하고 비교한다.
- "자판기 컵은 5온스입니다. 10온스는 자판기 컵의 두 배 용량입니다." 시각에 호소한다.
- 말할 내용을 말로 표현하기보다 실제로 보여주는 편이 알기 쉽다. (샘플, 사진 등)

③ 정보성

점포정보 등 무언으로 하는 설명을 통하여 정보를 공유한다.

- 영업시간, 정기휴일은 잘 고지되고 있는가.
- 메뉴는 알기 쉬운가, 가격은 명확히 표기되었는가.
- 추천 메뉴는 호기심이 가도록 설명하고 POP 등으로 잘 표시해 놓았는가.
- 점포의 위치는 알기 쉽게 안내되고 있는가.
- 서버와의 연락은 긴밀하게 이뤄지는가. (서버가 보이지 않을 때 연락방법이 있는가)

매력 있는 목소리로 자신감과 호감을 심어준다.

① 분명하고 밝고 활기차게 메뉴를 설명한다.

입에서 우물쭈물해서 무슨 말을 하는지 알 수가 없거나 어조가 강해서 퉁명스럽게 들리는 목소리는 손님을 불쾌하게 만든다.

② 개성적이며 매력적인 목소리로 말한다.

낮고 어두운 느낌의 목소리는 차분하고 설득력 있는 목소리로 바꿔나가야 한다. 굵고 거친 목소리도 발성연습 등의 훈련을 통해 안정감 있는 목소리로 개선시킬 수 있다. 카랑카랑한 목소리보다는 허스키하고 섹시한 목소리가 더 매력적인 것은 자명한 이치.

③ 어느 장소에서도 들리는 목소리가 있다.

잘 들리는 목소리는 화난 듯한 큰 목소리와는 다르다. 아무리 시끄러운 장소에서도 들리는 또렷한 목소리를 말한다. 설명을 해도 이해시키지 못한다면 설명을 안한 것과 같다. 그러므로 들리는 목소리로 이야기를 해야 한다.

음료의 질을 보장하기 위한 컨트롤

5대 체크포인트

① 재료 납품업자에게 주문을 할 때 정확한 품목과 양을 지켜 낭비가 없도록 한다.

② 어떠한 재료도 정확한 품목, 정확한 수량, 그 질이 우수한 것인지를 정확하게 점검한다.

③ 모든 메뉴는 정확한 온도와 적절한 용기에 보관하고, 손실물이 생기지 않도록 선입선출한다.

④ 손님이 방문할 때마다 동일한 훌륭한 음료를 제공받기 위해서는 레시피에 의해 동일한 방법으로 조리해야 한다.

⑤ 모든 메뉴가 준비되는 즉시 손님에게 제공되도록 한다.

커피에도 궁합은 있다.

① 커피를 피해야 될 사람

위궤양이 있는 사람, 가슴이 두근거리는 사람, 담배를 많이 피우는 사람

② 커피를 권해야 할 사람

저혈압, 냉한 체질의 사람

찾아보기 INDEX
(도표, 그림, 체크포인트, TIP)

도표
표1) 아라비카와 로부스타의 특징 25
표2) 온도와 시간에 따른 로스팅 단계 44
표3) 세계 각국(단체)의 로스팅 단계 45
표4) 로스팅 전·후의 성분 변화 48
표5) 굵기에 따른 분쇄입자의 특성 59
표6) 연수기 청소 주기 100
표7) 시간의 경과에 따른 원두커피 품질의 만족도 변화 156

그림
그림1) 커피체리의 구조 31
그림2) 커피의 가공과정 32
그림3) 로스팅 정도에 따른 원두의 색깔 변화 47
그림4) 일체형 보일러의 구조 137
그림5) 독립형 보일러의 구조 138
그림6) 커피추출 전자밸브의 작동과정 145
그림7) 리스트레또, 에스프레소, 룽고의 비교 152
그림8) 에스프레소 커피의 추출과정 153
그림9) 커피의 숙성여부에 따른 크레마의 지속성 157
그림10) 올바른 탬핑과 탬퍼관리 160
그림11) 올바른 탬핑과 태핑자세 160
그림12) 잘못된 탬퍼관리와 탬핑자세 161
그림13) 올바르지 않은 태핑의 예(1) 162
그림14) 올바르지 않은 태핑의 예(2) 163
그림15) 탬퍼 잡기와 탬핑자세 비교 163

TIP
TIP(1) 우유거품 제대로 만들기 193
TIP(2) 휘핑크림 제대로 만들기 200
TIP(3) 우유거품 제대로 따르기 231

체크포인트
체크포인트1) 커피나무의 성장과정 28
체크포인트2) 블렌딩의 3대 법칙 38
체크포인트3) 메쉬(mesh)란? 58
체크포인트4) 그라인더 입자조절 순서와 요령 61
체크포인트5) 업소용 그라인더 각 부의 명칭과 역할 63
체크포인트6) 호퍼 청소방법 71
체크포인트7) 도저 뚜껑 청소방법 71
체크포인트8) 도저 청소방법 71
체크포인트9) 그라인더 날의 청소요령 72
체크포인트10) 윗날 청소법 74
체크포인트11) 아랫날 청소법 75
체크포인트12) 연수기 청소방법 101
체크포인트13) 전압/전류/전력의 상관관계 107
체크포인트14) 커피머신 각 부분의 명칭과 역할 108
체크포인트15) 그룹 개스킷의 교환시기 116
체크포인트16) 그룹 개스킷의 교환방법 116
체크포인트17) 샤워홀더 청소방법 120
체크포인트18) 샤워 청소방법 121
체크포인트19) 필터홀더의 구성과 관리 122
체크포인트20) 필터홀더와 필터의 청소 123
체크포인트21) 커피머신 내부의 구조와 명칭 124
체크포인트22) 에스프레소 추출순서 165
체크포인트23) 에스프레소 맛있게 마시는 방법 170

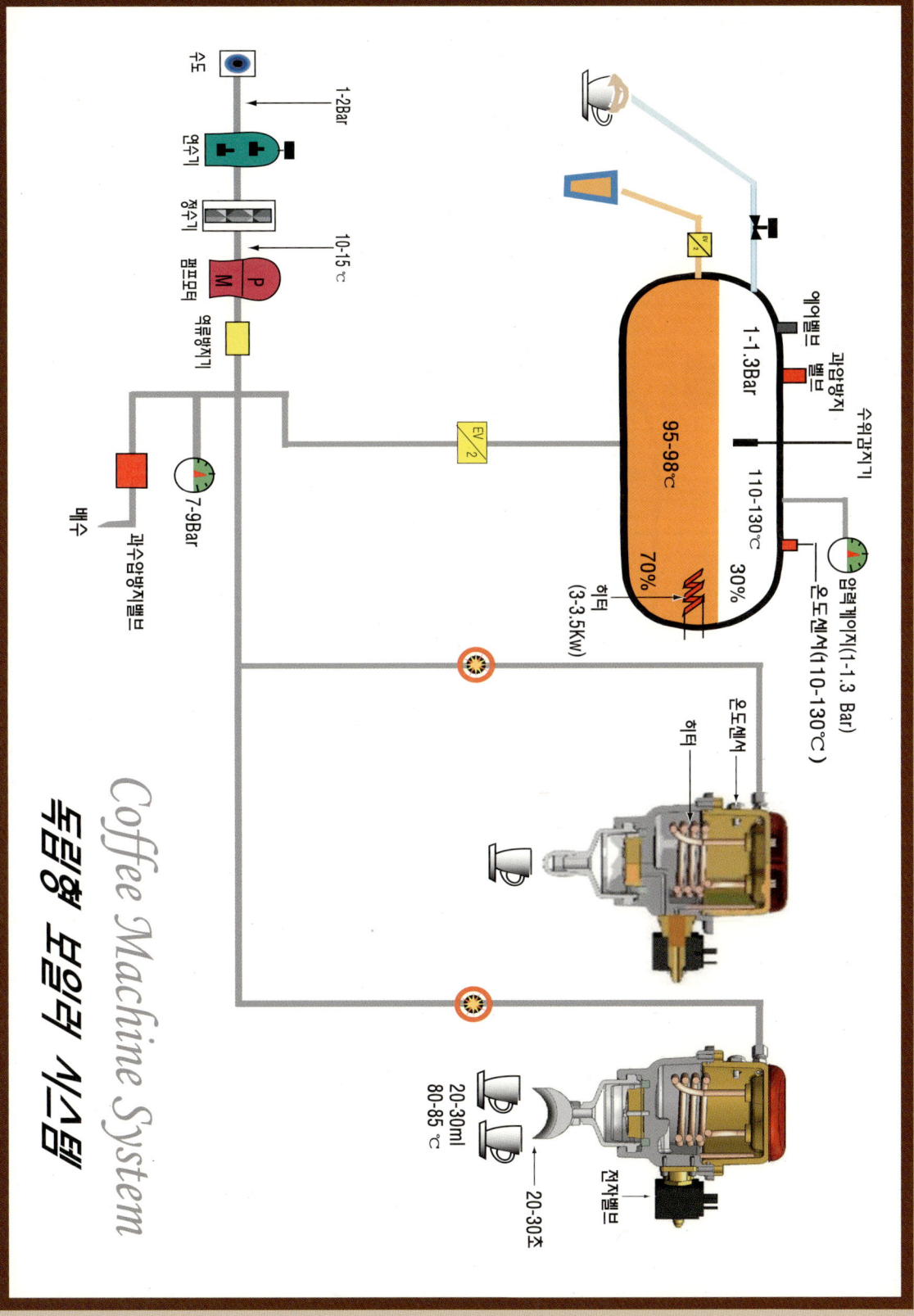

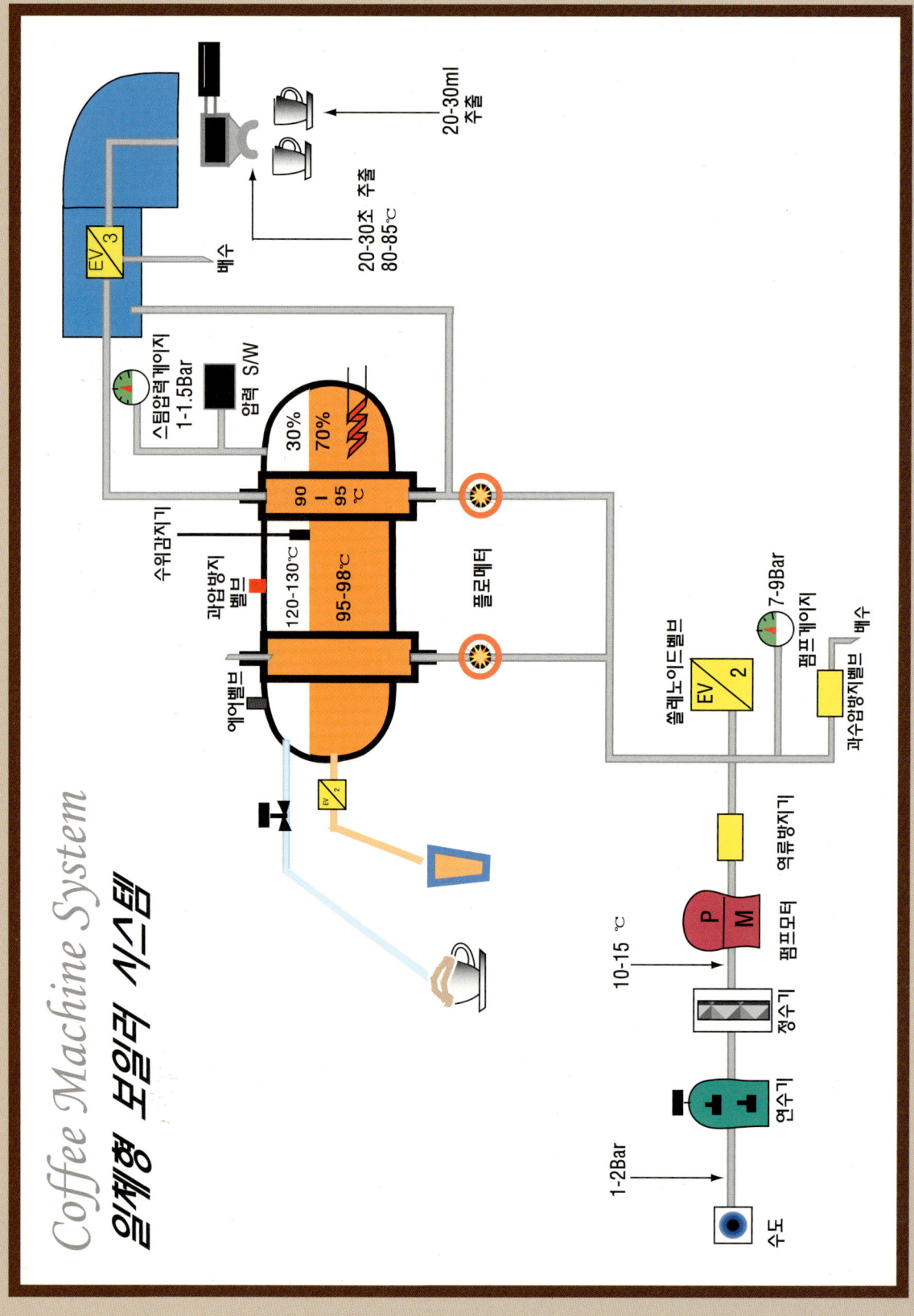

All about ESPRESSO
증보판

초판 발행 : 2009년 12월 20일
재판 22쇄 : 2023년 4월 3일

지은이 : 이승훈
펴낸이 : 문경라

편집기획 : 지영구
편집디자인 : 박미연
사진 : 한창주
마케팅 : 안성모
자료협조 : BTS, 달라코르테, 알까페

펴낸곳 : 서울꼬뮨
등록번호 : 제 2005-000048호
등록일자 : 2005. 3. 18
(137-130) 서울 서초구 양재동 398-10 효진빌딩 5층
Tel : 02-579-4725 / Fax : 02-579-4729
E-mail : coffeentea@naver.com
Home Page : www.cafetong.com

값 : 20,000원
ISBN 89-956-4927-5

※ 잘못된 책은 바꿔 드립니다.

이 책의 판권은 월간 커피앤티 발행사인 서울꼬뮨에 있습니다. 여기에 실린 모든 내용과 사진은 법에 의해 보장받고 있으므로 본사와의 상의 없이 무단으로 전재하거나 복제할 수 없습니다.